AF747599

A REPRESENTATIVIDADE DAS MULHERES NA POLÍTICA BRASILEIRA E AS AÇÕES AFIRMATIVAS

Afonso Paulo Albuquerque de Mendonça

2ª Edição

2026

Dados Internacionais de Catalogação na Publicação (CIP)
(Câmara Brasileira do Livro, SP, Brasil)

Mendonça, Afonso Paulo Albuquerque de
A representatividade das mulheres na política brasileira e as ações afirmativas / Afonso Paulo Albuquerque de Mendonça. -- 2. ed. -- Fortaleza, CE : Ed. do Autor, 2026.

Bibliografia.
ISBN 978-65-02-12620-2

1. Ações afirmativas 2. Eleições - Brasil
3. Mulheres na política - Brasil
4. Representatividade das mulheres na política
I. Título.

26-363986.0 CDD-323.340981

Índices para catálogo sistemático:

1. Mulheres na política : Brasil : Ciência política
323.340981

LISTA DE TABELAS

Tabela 1 – Mulheres Candidatas e Eleitas da 36ª a 56ª Legislatura

Tabela 2 - Posição Estatística do Brasil de Participação de Mulheres os Parlamentos Nacionais

Tabela 3 – Candidatas e Eleitas por UF

LISTA DE FIGURAS

Figura 1 – Quantidade de Candidaturas – uma comparação

Figura 2 – Comparativo de Candidaturas ao longo dos Pleitos

Figura 3 – Participação Feminina nas Eleições de 2022

Figura 4 – Predominância de Ocupação

Figura 5 – Candidaturas Femininas nas Eleições

Figura 6 – Porcentagem de Prefeitas Eleitas nas últimas Eleições Municipais

Figura 7 – Número de Eleitoras X Candidatas X Eleitas

Figura 8 – Iniciativa Própria X Incentivo do Partido

Figura 9 – Favorecimento do Ambiente Político

Figura 10 – Ambiente Político Discriminatório

Figura 11 – Medidas

Figura 12 – Motivos para não se Candidatar Novamente

Figura 13 – Ambiente Político

LISTA DE GRÁFICOS

Gráfico 1 – Proporção de candidaturas e eleitos na Câmara dos Deputados em 2014, por gênero e raça/cor

Gráfico 2 – Proporção de candidaturas e eleitos na Câmara dos Deputados em 2018, por gênero e raça/cor

Gráfico 3 – Proporção de candidaturas e eleitos na Câmara dos Deputados em 2022, por gênero e raça/cor

Sumário

Sumário 16

1. INTRODUÇÃO 18

2 PARTICIPAÇÃO POLÍTICO-PARTIDÁRIA DE MULHERES NO NORDESTE BRASILEIRO 25

2.1 A Legislação e a Participação Política de Mulheres no Brasil 50

2.2. A igualdade material na política 61

3 A PARTICIPAÇÃO DE MULHERES NAS ATIVIDADES POLÍTICO- PARTIDÁRIAS E AS AÇÕES AFIRMATIVAS 74

3.1 As Dimensões do Princípio da Igualdade 82

3.3 A Atuação de Mulheres do Nordeste nas Atividades Político-Partidárias 96

3.4. Candidatas negras eleitas nas eleições...... 114

4 RAZÕES PARA A BAIXA PARTICIPAÇÃO POLÍTICA DAS MULHERES DO NORDESTE........... 119

4.1 A Representação Política por Mulheres no Direito Comparado 120

4.1.1 A Experiência Argentina 121

4.1.2 América Latina 125

4.1.3 Comunidade Europeia 126
4.1.4 Ruanda e outros países........................ 132
4.1.5 Estados Unidos 135
4.2 (In) Efetividade da Igualdade Material entre Homens e Mulheres nas Atividades Político-Partidárias 136
4.2.1 A Efetividade em seu corte epistemológico 137
4.2.2 Consequência da falta de efetividade . 138
4.2.3 A Igualdade Material de Gênero......... 148
4.2.4 A inefetividade da Igualdade Material a partir da política de cotas.. 151
5 CONCLUSÃO.. 212
REFERÊNCIAS.. 219

1. INTRODUÇÃO

O exercício da cidadania garantido às mulheres pela Carta Constitucional de 1988 no Brasil, aliado à ocupação destas no cenário político mundial e nacional, não retratou uma maior representatividade delas que são a maioria entre os 150 milhões de eleitores, somando 53%; uma vez que são minoria nos cargos de representação. A despeito de alcançarem o direito de serem eleitas no ano 1933, ocuparam apenas cerca de 266 cadeiras do parlamento nestes anos. (BRASIL, 2022)

Embora a Lei n.º 9.504/97 estabeleça medidas indiretas para aumentar a representação feminina na política, como as cotas, a realidade é que as ações afirmativas como um todo não têm sido efetivas nesse sentido. Isso significa que, apesar de haver leis que visem promover uma maior participação das mulheres na vida política, na prática, essas medidas não estão sendo suficientes para atingir esse objetivo.

O número de cidadãs ocupando os chamados espaços formais de poder representam, estatisticamente, percentuais muito baixos, encontrando-se em discrepância com o eleitorado feminino.

Descobrir quais as razões de tais dados, se por falta de políticas públicas ou de qualquer outra razão é o desafio que se abraça, com foco no Nordeste brasileiro, para maior acurácia da investigação que se pretende. (MATIAS; PERGENTINO, 2021).

A saber se seriam as ações afirmativas para permitir o acesso de mulheres nas atividades político-partidárias um instrumento de efetivação da igualdade material entre homens e mulheres no Nordeste brasileiro; quais são as causas da sub-representação de mulheres nordestinas e mais, porque tão poucas desenvolvem atividades político-partidárias; de que modo se pode dar maior efetividade a que mais mulheres preencham os espaços onde haja o exercício do voto direto, secreto, universal e periódico; de que maneira se pode efetivamente permitir a igualdade material entre homens e mulheres.

Seria necessária a reformulação das políticas públicas ou o problema decorre de outro fator que não se tem conhecimento e, assim, precisa ser melhor investigado.

Observa-se que para qualquer processo ser concebido como democrático, avoca igualdade substancial. O princípio da igualdade imprescinde ser eficaz no sentido de permitir a isonomia de condições entre as partes em acordo com as referentes carências. O problema que se apresenta a tal objetivo é se apartar da ficção legal para permitir a efetividade da "hipótese de incidência normativa".

O tema revela-se atual porque o enfrentamento de tais questões está se dando de forma mais efusiva, agora. O crescimento de debates no âmbito do Superior Tribunal Eleitoral levou à ministra Rosa Weber, no ano de 2019, a instituir a Comissão Gestora de Política de Gênero, prevista na Portaria TSE n.º791/2019. (BRASIL, 2019)

Para abordar questões relacionadas aos direitos fundamentais de cidadania nas políticas públicas é imprescindível levar em consideração o papel das ações afirmativas na promoção da participação política das mulheres. Infelizmente, essas ações ainda são insuficientes para garantir uma participação equitativa das mulheres na política. (PORCARO; SANTOS, 2020)

Isso significa que, mesmo com as políticas públicas voltadas para a promoção dos direitos fundamentais de cidadania, a participação das mulheres na administração ainda é limitada. Essa falta de representatividade pode levar a decisões políticas que não levam em conta as necessidades e demandas das mulheres, além de perpetuar desigualdades e discriminação de gênero. (SANTOS; BARCELOS; PORCARO, 2018)

Em que pesem todos os aspectos trazidos ao cotejo, tudo com fins a reduzir e dar tratamento isonômico às mulheres, em todos os aspectos, ainda resiste o preconceito dos homens decorrente da assimilação cultural do patriarcado, o que leva a comportamentos misóginos, sexistas, machistas. Para Santos e Ferreira (2023, p. 06) "[...]ao longo do tempo, o poder foi definido como masculino e a submissão como feminina. O domínio dos homens sobre as mulheres faz parte do senso comum, passado de geração em geração".

A contracultura, muitas vezes é permeada e contaminada pelo preconceito no sentido que esquece que a mulher deve ser entendida em seu aspecto holístico e que deve participar efetivamente da produção normativa e de decisões e implementação de políticas nos termos constitucionais e legais.

O escopo da pesquisa e do escorço normativo é estabelecer o paralelo entre a produção normativa, as ações afirmativas e em que medida contribuem para a efetiva igualdade material entre homens e mulheres e para participação político-partidária destas nos espaços de poder legislativo e executivo do Nordeste brasileiro. Assim, importante revisar, identificar e descrever as normas e ações afirmativas existentes no sentido de dar efetividade à igualdade material prolatada e relacionar as medidas até então implementadas. Validar, apreciar, avaliar e selecionar quais posicionamentos diante da realidade fenomênica que se apresenta, são elementos dificultadores da implementação dos Projetos de governo.

Em um primeiro momento é de fundamental importância conhecer o objeto de estudo, no sentido de elucidar seus principais aspectos, identificando o ponto de partida da investigação. Para tanto optou-se por desenvolver esta dissertação seguindo uma abordagem qualitativa.

Clayton *et al.* (2019, p. 121) destacam que "a abordagem qualitativa permite explorar experiências e percepções profundas e complexas que são difíceis de capturar por meio de abordagens quantitativas". Como procedimentos de pesquisa determinou-se a implementação de uma pesquisa exploratória no sentido de avaliar e explicar o problema.

Sousa e Ferreira (2018, p. 32) afirmam que "a pesquisa exploratória é fundamental para se obter um conhecimento preliminar sobre um assunto pouco explorado, permitindo a identificação de problemas e a formulação de hipóteses".

Na pesquisa desenvolvida com base em pesquisa bibliográfica pautada nos dados estatísticos buscou-se descobrir as razões que explicam, ainda, a baixa participação de mulheres nas atividades político-partidárias no Nordeste brasileiro.

A definição dos termos a serem abordados serão: mulher, nordeste, política, ações afirmativas, igualdade, efetividade. As variáveis relacionadas à problemática referem-se à ideologia de gênero e na proporção em que são alcançadas pelo objeto de estudo.

O presente livro será dividido em três capítulos.

No primeiro discorrer-se-á acerca da participação de mulheres nas atividades político partidárias e as ações afirmativas que fomentam as correções das distorções da isonomia. O segundo traz a lume os dados estatísticos recentes da participação feminina na política nordestina, no cotejo com a legislação vigente. O terceiro trata da análise das razões para a discriminação de gênero, da baixa participação política de mulheres nos partidos políticos e nas eleições, culminando com a elucidação da efetividade da igualdade material.

As estatísticas apontam para a inefetividade das ações afirmativas, uma vez que o percentual de participação de mulheres nas atividades político-partidárias e em candidaturas aos pleitos eleitorais, ora oscila um pouco para mais, em outro momento para menos. Os dados sinalizam para a necessidade de mudanças para a correção das distorções de igualdade material entre homens e mulheres.

Por todo o exposto verifica-se a importância de pesquisas deste naipe para a verificação da realidade factual no contraponto com os preceitos normativos exauridos e da conclusão pela necessidade da reformulação das ações afirmativas, no sentido de dar concretude à razão de sua criação, com fins a preservação dos direitos fundamentais, da igualdade, da cidadania e da edificação da dignidade feminina.

2 PARTICIPAÇÃO POLÍTICO-PARTIDÁRIA DE MULHERES NO NORDESTE BRASILEIRO

Não é à toa que Aristóteles (1984) asseverava (embora em tons misóginos para o leitor de hoje) que o Homem é um animal político. O conteúdo dessa afirmação vai além da representação partidária e integra as manifestações das pessoas no âmbito da *polis*, da sociedade de um modo geral. Falar em participação política das mulheres vai além de sua representação nos partidos políticos existentes,tangencia o seu posicionamento diante do mundo e sua visão social, no contraponto ideológico posto.

A participação política efetiva significa, na representatividade, aprovar normas, políticas, voltadas exclusivamente à correção das distorções da participação entre homens e mulheres. Após a promulgação de nossa atual Constituição, a atuação de mulheres nos Poderes Executivo e Legislativo, diversamente do que acontece nas esferas iniciais do Judiciário (com ingresso mediante concurso público), permaneceu em percentuais diminutos, desproporcionais à quantidade de eleitoras.

Por que as políticas públicas não têm surtido efeito? O que falta? Sabe-seque é necessário aumentar a participação político-partidária como forma de darefetividade à igualdade material entre homens e mulheres. Inegável a existência de ações afirmativas nesse sentido. Entretanto a resposta ainda se dá a passos muito lentos.

De fundamental importância é conhecer a estatística dessa participação, permeando desde a quantidade de eleitoras, faixa etária, capacidade econômica, número de votantes e eleitas, entre outros aspectos. No cotejo destes dados com a legislação vigente poder-se-á concluir acerca de como propiciar a igualdade material na política.

A exclusão das mulheres no plano histórico dos estamentos de poder e o *establishment* decisório, objeto de diversos tratados, embasa os embates pela garantia de direitos políticos, dentre eles os direitos de votar e de se eleger. Todavia, a existência formal desses direitos não assevera às mulheres participação equânime nos recintos de poder, o que induz que a sua larga participação na política não institucional conviva com sua insuficiente compleição na política formal.

A Organização das Nações Unidas (ONU) tem exercido ação basilar no que tangencia os direitos da mulher em todo o planeta. Esse aporte ostenta diversas configurações, que se põem desde a promoção de debates até a negociação de instrumentos diametralmente vinculantes. A concepção de ambiências coloquiais tem alargado a visibilidade do assunto com a consequente conscientização acerca da discriminação e inferiorização(em diversos níveis, não somente partidários, porque mais do que uma situação, reclamam ações para que isso aconteça) em que se põem as mulheres em múltiplos estamentos da existênciasocial, o que não é dissonante dos demais países. O entabulamento de acordos e compromissos internacionais, a exemplo da Convenção sobre a Eliminação de Todas as Formas de Discriminação contra a Mulher, rescende, abertamente, no processo de elaboração legislativa e na formulação de políticas públicas nos países signatários.

A IV Conferência das ONU sobre a Mulher, realizada em Pequim, em setembro de 1995, especificamente no tocante à participação feminina em recintos de poder e no controle de decisões, deliberou como estratégia a adoção de ações importantes para afiançar às mulheres igualdade no acesso aos arcabouços de domínio e ao processo de desembaraço consequente à maior efetividade na sua participação política. A reelaboração da definição de gênero permitiu o trespasse de uma elaboração conjuntural da mulher abalizada em múltiplos aspectos e no feitio de aspecto biológico para a apreensão das proximidades e distâncias entre homens e mulheres como resultado de modelos de aperfeiçoamento social e cultural e, assim passíveis de modificações. As altercações de gênero, nos meandros de seu substrato de poder, constituirão o cerne das inquietações e a mola mestra para a quebra de padrões criados superficialmente e a superação de desigualdades neles produzidas.

O Brasil esteve na Conferência de Pequim e nas participações subsequentes. Beneficiou-se do prosseguimento do colóquio entre Governo e sociedade civil, além de intercâmbio construtivo com os outros poderes estatuídos, em específico o legislativo e a representação dos conselhos estaduais e municipais acerca da categoria feminina. A intensa presença nas organizações de mulheres, tornou-se elemento eficaz à elaboração de políticas públicas no país, que diuturnamente incorporam perspectivas de gênero transversalizadas, em prejuízo das ações pontuais.

Merece destaque a elaboração e implementação de ações afirmativas, com fins a proporcionar a consciência crítica e o protagonismo feminino nos setores público e privado, e a promoção de ações de capacitação que estimulem e habilitem as mulheres a alcançarem postos de comando e decisão.

Para Oliveira e Silva (2021, p. 35-36):

> A implementação de ações afirmativas é fundamental para proporcionar a consciência crítica e o protagonismo feminino nos setores público e privado. Nesse sentido, é preciso promover políticas que incentivem e facilitem o acesso das mulheres aos cargos de liderança e decisão. Além disso, é importante investir em programas de capacitação que estimulem e habilitem as mulheres a alcançarem postos de comando e decisão, por meio da formação e do desenvolvimento de habilidades técnicas e gerenciais. É necessário, ainda, fomentar a cultura organizacional que valorize a diversidade e a equidade de gênero, combatendo a discriminação e o preconceito contra as mulheres no ambiente de trabalho.

No que pertine, especificamente ao Poder Legislativo Brasileiro, tais propósitos provocaram a utilização de proposições afirmativas, dentre elas as cotas de gênero, além da reserva de valores provenientes do Fundo Partidário para a geração e divulgação de projetos de promoção e difusão da participação política de Mulheres.

Tais ações demonstram-se insuficientes em afiançar a inclusão das mulheres nos estamentos de poder, observadas as estatísticas que serão a seguir apresentadas. Constata-se desse modo que apesar da existência de cotas, porque necessárias, não repercute na eleiçãode maior contingente de mulheres ou, em outro aspecto, na modificação ou reorganização das instituições políticas em voltadas para a igualdade de gênero, e o que o desenho da atual conjuntura demonstra: a impossibilidade das mulheres eleitas em influenciar o arcabouço decisório.

No entanto, as táticas com fins a permitir a igualdade de gênero no Legislativo não se limitam à eleição de mais mulheres, conforme demonstra pesquisa da *Inter-Parliamentary Union* em levantamento com membros do legislativo de vários países, onde se destacam quatro aspectos cruciais: o apoio do partido governante; o exercício de comissões legislativas; a performance de assentos femininos e as normas organizadoras do funcionamento do Legislativo. Assim, a consolidação da igualdade de gênero imprescinde, da garantia de que as mulheres possam influenciar o processo de decisão, com o objetivo de difundir uma perspectiva de gênero nas políticas públicas advindas do processo legislativo. (BRASIL, 1995; 1997; 2009)

Segundo informações estatísticas do sítio do próprio TSE, considerando o ano de 2020 do eleitorado feminino em 52,50%, dentre os eleitos apenas 15,80% era de mulheres, havendo inclusive um decréscimo em relação às eleições 2018. Entre os reeleitos foi o menor percentual na comparação entre os anos de 2020, 2018 e 2016, ficando em 11,70% conforme fontes do sítio do TSE.

Importante destacar o fato dos dirigentes, na maioria das vezes, por si, não se interessam em identificar qualquer forma de discriminação no âmbito dos partidos, mascarando as plausíveis políticas internas de segregação quanto ao gênero e os óbices criados de modo a dificultar a ascensão ao quadro dirigente e à tomada de decisões. Assim uma falsa percepção é criada com fins ineludíveis a mascarar os problemas de maior efetividade da participação no partido, e os óbices ao protagonismo de mulheres, ainda sob o ranço do autoritarismo do patriarcalismo, com nuances sexistas.

Talvez em uma análise perfunctória da questão analisar-se-ia como apresentação de impedimentos extrapartidários, a estreitar os limites da participação de mulheres ao pleito eleitoral como candidatas estaria em dois aspectos salutares: um viés que atribuiria os obstáculos à dominância masculina em séculos sobre as atividades político-partidárias; e, um outro em que se destaca culturalmente, qual deveria ser o comportamento socialmente aceito das mulheres.

Aponta-se, entretanto, um terceiro viés, surgido da auto discriminação, da baixa autoestima. Vários elementos podem contribuir para a baixa participação de mulheres, merecendo destaque a apatia, a ausência de interesse relativos à política e o machismo segregacionista que aparecem como elementos explicativos sobre a ausência de mulheres no cenário político.

De acordo com Sampaio e Santos (2019, p.113):

> A baixa participação de mulheres na política é um problema histórico que persiste em muitos países, inclusive no Brasil. Vários elementos podem contribuir para essa situação, como a apatia, a ausência de interesse relativos à política e o

> machismo segregacionista que aparecem como elementos explicativos sobre a ausência de mulheres do cenário político. A falta de incentivos, como a falta de igualdade de oportunidades na disputa eleitoral e a ausência de políticas públicas que incentivem a presença feminina na política, também pode ser apontada como um fator determinante para a baixa participação de mulheres na política. Além disso, a falta de representatividade feminina em cargos políticos de destaque pode afetar negativamente o interesse das mulheres em ingressar na carreira política, contribuindo ainda mais para a perpetuação do cenário atual.

A segregação encontra-se arraigada em toda a cultura e entremeia o seio familiar, primeiro contato social onde já se impõem comportamentos limitantes procurando adequar, inclusive o que se deve e quando falar, comportamento predominante no Nordeste brasileiro. Com a evolução das tecnologias de informação e comunicação, destacando-se a Internet e com ela as mídias sociais e a globalização, tornaram-se mais evidentes, os mecanismos de controle e, desse modo perderam força, uma vez que a sua descoberta antes oculta, permitiu uma postura de combate, ante a possibilidade de escolha do que se pretende ver em um smartphone.

Quando o manipulado descobre os cordéis de sua manipulação, conhece também o manietado e passa a pesar e sopesar suas razões em deter tal controle. E a partir daí questionam-se o papel da família, da religião, da sociedade e das academias na participação dos mecanismos de dominação, identificando cada engrenagem, cada processo, ou não, isso porque a apatia ainda se destaca nas regiões interioranas. Os papéis diferenciados desde a vida familiar, revelados na escolha de um simples brinquedo, passaram a ser rompidos pelo conhecimento.

Mas ainda reside sobre a nova postura, a dificuldade de conciliação entre política e os afazeres familiares, isso porque não é diretamente proporcional a saída da mulher das atividades domésticas, com o comportamento com o homem. Além de tudo isso a maneira como o homem vê as mulheres, ainda, a antropologia social credita tal visão à sociedade, como se esta fosse formada exclusivamente pelo público masculino.

As mudanças ainda acontecem a passos lentos e os caminhos precisam se encontrar. De um lado a transformação interna e de outro a mudança cultural. Tudo se reflete e estão intrinsecamente relacionados e sentidos nos discursos de dirigentes, como intensos empecilhos para o aumento da participação político-partidária feminina.

A partir daqui é importante separar as categorias fenomênicas, em seu corte epistemológico: onde se fala em participação política, em verdade se trata de atividade político-partidária. É consenso, embora que superficialmente, a existência de obstáculos extrapartidários como fator preponderante na desigual participação política de gênero, sendo reputados alguns dados explicativos para a desigualdade de representação.

Inegável o crescimento da militância partidária, uma vez que as mulheres, além de colegiadas no âmbito do partido, são reconhecidas pelos regulamentos, havendo sensível crescimento da militância de gênero nos últimos anos. O discurso mudou e, pelo menos a esse nível, reconhecem a potencialidade eleitoral de mulheres e seu potencial ascendente como candidatas, possibilitando o incremento da sua participação.

Como as mulheres têm chegado aos partidos políticos, o que tem atraído sua atenção, por que somente uma pequena parcela procura, são perguntas necessárias para a elucidação do tema abordado. Os partidos assumem diversos papéis nesse sentido, necessários e legalmente determinados, seja na qualidade de formadores, agenciadores, recrutadores, tendo sobre si o dever de impulsionar a participação de mulheres desde o período de recrutamento, atuando no sentido de corrigir as distorções das dessemelhanças de gênero no plano das altercações. Nesse sentido, passam a ser espaços importantes tanto na gestão e ampliação de espaços democráticos como na facilitação de candidaturas.

O Anfiteatro do Poder é entremeado com tentativas de locupletamento em cima das ações públicas, transformando o ambiente num conjunto de tensões e contendas internas que em vez de ampliar o espaço, atuam para cercear a participação. Por essa razão, não é à toa que a lei de cotas provoca controvérsias nas instâncias partidárias.

Muitos anos separam da primeira eleitora do Brasil, Celina Guimarães Vianna, natural do Rio Grande do Norte, que se alistou aos 29 anos de idade. Foi também o primeiro alistamento da América Latina. (BRASIL, 2022a)

A Portaria nº 791/2019, da lavra da Ministra Rosa Weber instituiu a Comissão Gestora de Política de Gênero do TSE, com a finalidade de atuar em dois eixos temáticos:

o estímulo à participação feminina na política e o incentivo à participação institucional feminina na Justiça Eleitoral. (BRASIL, 2019)

Debate a se trazer a comentário é a discussão acerca dos atuais sítios de Internet de participação política ponderando a interseção de mulheres quilombolas rurais encampando os ativismos de mulheres campesinas, em contraponto à autoridade clerical e sindical na corporação política.

As metamorfoses provocadas pela inserção política da mulher destacam a correlação entre o lar e a política. Em um outro aspecto, significativa a coletivização de gênero e o aprimoramento de sujeitos como processos dissemelhantes, de desaceitação atenuada, porém com perspectiva semelhante.

A arraigada e histórica cultura de dominação revela mulheres rurais manipuladas por uma visão social de mundo onde tem por obrigação, por seu gênero, em acatar e se submeter ao controle e decisão dos homens, sob a representação controladora paterna ou marital, a incorporação *interna corporis* política opera como instrumentalizador de assenhoreamento subjetivo, em parâmetros de produção de choques pelo simples fato de ser mulher, necessitando a investigação observar as sutilezas ideológicas que poderão advir.

Para Santos e Silva (2021, p. 218):

> Nesse contexto, a incorporação *interna corporis* política opera como instrumentalizador de assenhoreamento subjetivo, em parâmetros de produção de choques pelo simples fato de ser mulher. A análise das relações de poder entre gêneros nas zonas rurais exige uma observação cuidadosa e atenta às sutilezas ideológicas que poderão advir, como forma de entender como se dá o processo de subordinação feminina e, consequentemente, como implementar ações que visem a sua emancipação.

Interessante trazer ao cotejo da discussão, o pensamento de Jürgen Habermas (1997), em sua teoria deliberativa de democracia, aspectos que poderão ser pinçados para a melhor compreensão do objeto de estudo em debate. Alude sua visão acerca do conceito normativo.

O ambiente público descrito, guarda homogeneidade a uma rede de comunicação de conteúdo. O âmago da sociedade civil assenta em livres movimentos, associações, e organizações, destacadas da administração estatal e desprovidas de intenções econômicas, fundamentando em envergadura possibilitadora do influxo comunicacional consentâneo à ambiência pública. Por intermédio desse arcabouço assimilam o corolário dos ecos das adversidades originadas no organismo privado, pesando e sopesando para alcançar a política pública.

Em apertada síntese, a sociedade civil por intermédio desses arcabouços dialogais organizados consente a institucionalização das alocuções oriundas do setor privado, decompondo-se em instância geral e compondo a compleição do poder público, volvido à solução de problemáticas. O vislumbre possível é dos partidos que fazem parte do poder público deliberativo, como mão de alcance da sociedade civil organizada. (HABERMAS, 1997)

Na ilação com a realidade do Brasil e em conformidade com a Constituição Federal ressalta aos olhos a predominância de alguns partidos que dominam o cenário eleitoral e manietam as eleições e discussões políticas. As minorias encontram dificuldades em atingir o espaço de discussão e de pertencer a tais agremiações partidárias, obrigando-se a lançar candidaturas por partidos menores. (BRASIL, 2016)

Contudo, o que se assiste nas últimas eleições é o convite para mulheres virem a compor as chapas, clara evidência de que os eleitores passaram a desejar a sua presença. O que ressai é que as mulheres são chamadas para ocupar cargos de vice, no executivo, como coadjuvantes e,não, como protagonistas do processo eleitoral.

O Nordeste tem se destacado em lançar candidaturas femininas e, mais, em ter governos de mulheres. Em que pese esse fato, os partidos ainda dificultam a expressão e participação, de mulheres, grupos LGTBQIA+, indígenas, pretos, entre outros.

Ainda põe em xeque a representatividade democrática que reclama a presença das minorias, o que é preocupante, uma vez que reproduzem os mesmos grupos dominantes da sociedade, segregacionistas, majoritariamente brancos e homens.

As autoras Luciana Panke e Sylvia Iasulaitis (2016), por meio da análise de campanhas exitosas de mulheres, definiram que em sociedades onde as matrizes de poder são assimétricas, ou seja, onde há uma discrepância entre o acesso ao poder político, tornam-se desafiadoras para as mulheres se sobressaírem em um mundo predominantemente masculino.

Nesse contexto, isso desincentiva a formação de quadros partidários preponderantemente femininos tanto no que concerne ao engajamento partidário em garantir a formação de lideranças femininas, quanto no próprio engajamento de mulheres na luta política. (PANKE; IASULAITIS, 2016)

Conforme Pinto (2010), na história da formação política, diversas mulheres foram silenciadas e tiveram suas vozes tolhidas pelas estruturas de poder misóginas. Nesse sentido, a autora ressalta que a democracia liberal oferece barreiras para a inclusão de novos sujeitos e, assim, mudar as estruturas de poder. Doravante, tais estruturas de poder afetam a vidas das mulheres. Com efeito, uma desigualdade social e uma hierarquia rija em acesso à participação política

.

No *ranking* de participação feminina no parlamento organizado em 2017 pela ONU Mulheres, juntamente com a União Interparlamentar (UIP), o Brasil ficou na 154ª posição no que se refere à representação feminina do total 174 países analisados.

As 641 mulheres eleitas ao cargo de prefeita nas eleições de 2016 representam 11,57% do total. O percentual caiu em relação ao pleito de 2012, quando somavam 659 prefeitas eleitas, correspondendo a 11,84% do total. Não obstante a legislação conferir cota de gênero, a participação das mulheres na política é pouco expressiva se comparada aos homens, que só atingiram o percentual total de 88,43%.

Em Maceió (AL), o número de vereadoras passou de seis em 2012 para quatro em 2016. No município de Fortaleza (CE), esse número, de igual modo diminuiu: em 2012 foram eleitas sete vereadoras. No ano de 2016, foram seis vereadoras. Em São Luís (MA), foram quatro vereadoras em 2012 e, em 2016, três mulheres eleitas vereadoras. Em Teresina (PI), 2012 elegeu seis mulheres vereadoras. Em 2016, esse número ficou em três mulheres. Em Salvador (BA) em 2012 cinco vereadoras. Em 2016, o número de vereadoras eleitas subiu para oito. Em João Pessoa (PB), duas mulheres foram eleitas. Em compensação, em 2016 esse número passou para três vereadoras. Em Recife (PE), houve um empate nas duas eleições.Em 2012 e em 2016 foram eleitas seis vereadoras em cada eleição, e Aracaju(SE) aconteceu o mesmo fenômeno: em 2012 foram eleitas quatro mulheres, número que se repetiu em 2016. Em Natal (RN), foram eleitas quatro mulheres quantidade que se repetiu em 2016. Em 2016 foram oito vereadoras. Os dados se tornam ainda mais alarmantes quando se trata de mulheres negras (17,1%), isso em 2020. (BRASIL, 2016)

Das 20 cidades brasileiras onde havia mulher concorrendo em 2021, somente sete tiveram prefeitas e nenhuma foi do Nordeste. Em 2018 apenas uma mulher foi eleita governadora e foi no estado do Rio Grande do Norte.

As eleições 2022, segundo dados do TSE, apresentaram um número expressivo de mulheres candidatas (9.353) que suplantou os anos de 2018 (9.221) e 2014 (8.139). Entretanto em que pese o aumento de candidatas mulheres, o que se percebe é que, em percentual é de apenas 33,27%. Mas quando se verificam os dados entre as mulheres indígenas e pretas, se tem entre as primeiras um crescimento mais que expressivo, no percentual de 67,35%. (BRASIL, 2022b)

No entanto, se comparado com a quantidade de mulheres o número é ínfimo e ainda denota a baixa participação das mulheres como candidatas. Na proporção nordestina quanto ao gênero, se tem 66% masculino (em 2018 foram 68%) e 34% feminino (em 2018 foram 32%). (BRASIL, 2022b)

Comparativamente entre as regiões, as candidaturas femininas no Nordeste Brasileiro evidenciam-se, ficando atrás apenas do Sudeste conforme disponibilizado na Figura 1 logo abaixo:

Figura 1 – Quantidade de Candidaturas – uma comparação

Região	Quantidade de Candidaturas
CENTRO-OESTE	3.185
NORDESTE	7.476
NORTE	4.461
SUDESTE	9.672
SUL	3.964

Fonte: Brasil (2022b)

A Figura 2 apresenta um comparativo entre as eleições gerais e municipais utilizando o seguinte registro ao longo dos pleitos, em relação ao Nordeste:

Figura 2 – Comparativo de Candidaturas ao longo dos pleitos

Ano	Quantidade de Candidaturas
2022	7.476
2020	148.013
2018	6.558
2016	133.852
2014	5.789
2012	132.468
2010	5.030
2008	106.720
2006	4.603
2004	112.677
2002	4.648
2000	99.802
1998	3.486
1996	5.614
1994	2.479

Pleitos

Fonte: Brasil (2022b)

O que se nota é um crescimento constante embora tímido em relação aos candidatos do gênero masculino. A primeira governadora (mulher) do Ceará (a Vice de Camilo Santana), Izolda Cela, teve sua candidatura ao governo do Estado preterida por seu próprio partido, o PDT, que preferiu Roberto Cláudio. Desprestigiada pelo seu próprio partido, desfiliou-se. (GOMES, 2022)

Analisando o quadro de eleitoras no comparativo com os anos 2016, 2018, 2020 e 2022 percebe-se praticamente inalterado o percentual. No ano de 2022, 33% foram candidatas e eleitas 16%. O que ressalta em relação às demais regiões do país é que o quadro é semelhante, com alterações um pouco para mais em uns e, em outros, um pouco para menos. Portanto, quanto à visão geral não se verifica um distanciamento do Nordeste no quadro geral brasileiro.

O que é interessante notar na eleição de 2022, quanto ao estado civil das candidatas, é que ficou em torno de 43,41 % de mulheres solteiras, contra 26,11 % de mulheres casadas. Mulheres Pardas suplantam as mulheres brancas. Deputadas Estaduais foram eleitas apenas 20% de mulheres e Deputadas Federais, 29%. Grande parte possui o nível superior completo.

Parte da imprensa classificou os fatos como “violência política de gênero”. A saber ainda se estaria a decisão convencional ligada à sobreposição da masculinidade com fins a descredenciar a pretensão política feminina. Após as eleições de 2022, no Nordeste, nota-se uma nítida desproporção entre mulheres eleitoras, candidatas e eleitas, como é possível observar na Figura 3 abaixo:

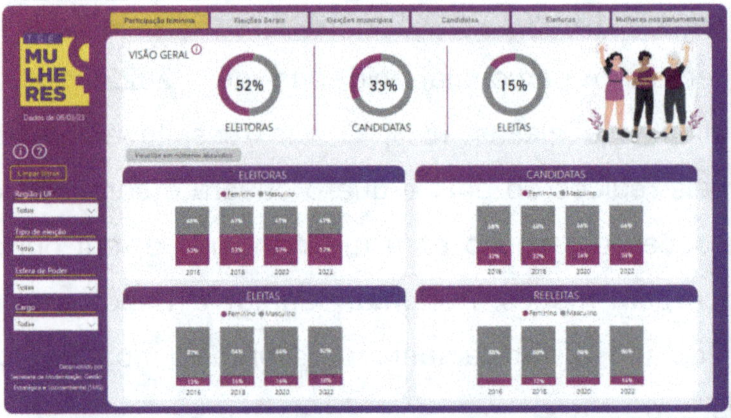

Figura 3 – Participação Feminina nas Eleições de 2022

Fonte: Brasil (2022b)

Na eleição para Deputada Estadual e Federal, conforme é explicado na Figura 4, a predominância de ocupação é de administradoras, advogadas e agricultoras:

Figura 4 – Predominância de Ocupação

Região	Gênero	Ocupação	Votos nominais	% votos válidos
NORDESTE	Feminino	Administrador	133.001	2,37 %
		Advogado	398.676	7,11 %
		Agente Administrativo	10.414	0,19 %
		Agente Postal	2.618	0,05 %
		Agente de Saúde e Sanitarista	1.269	0,02 %
		Agente de Viagem	1.496	0,03 %
		Agricultor	85.826	1,53 %
		Agrônomo	0	0,00 %
		Alfaiate e Costureiro	327	0,01 %
		Aposentado (Exceto Servidor Público)	50.743	0,91 %

Fonte: Brasil (2022b)

As maiores perspectivas são adjudicadas a candidatas que possuem nívelsuperior completo, e quanto menor o nível de instrução adquirido, menor a possibilidade de eleição. A profissão desponta como elemento importante, porque está intrinsecamente relacionado com o grau de instrução.

A quantidade de candidatas é um fator prejudicial para o sucesso da representação feminina na política. Ou seja, quando há poucas mulheres concorrendo, as chances de uma representação mais igualitária diminuem. No entanto, o percentual de candidaturas femininas é um indicador importante da efetividade da Lei de Cotas, que visa promover a igualdade entre homens e mulheres na atividade partidária.

A Lei de Cotas estabelece a reserva de um percentual mínimo de candidaturas para mulheres em eleições. Essa medida tem como objetivo aumentar a participação feminina na política e, consequentemente, a representatividade das mulheres nas esferas de poder. O percentual de candidaturas femininas é uma forma de medir o sucesso da implementação dessa lei.

Apesar disso, é importante ressaltar que a Lei de Cotas, por si só, não é suficiente para garantir uma representação feminina significativa na política. É necessário um esforço contínuo para promover a participação das mulheres na política, incluindo a criação de políticas públicas efetivas, como programas de formação política específicos para mulheres e campanhas de conscientização.

Quando há mais alternativas de candidatas, o eleitor responde de modo positivo. A saber e investigar o porquê de poucas candidaturas femininas. E mais, a razão para a desproporção entre a quantidade de eleitoras e o resultado eleitoral. Assim, incumbe observar que para um resultado admissível no que tangencia a questão de gênero na política, o perfil da candidata merece destaque em grau de importância, chegando mesmo, a ser mais importante do que o perfil socioeconômico e, mesmo, mais importante do que a ampliação do número de mulheres nas candidaturas. Isso a nível antropológico-social, o que não se faz sentir na estatística anteriormente demonstrada, em contrário ao pensamento esposado.

2.1 A Legislação e a Participação Política de Mulheres no Brasil

Embora aparentemente inequívocas as conquistas das mulheres brasileiras nos últimos anos, o simples fato de poderem, juridicamente, candidatar-se a cargo político, seja do executivo ou legislativo, não lhes garante o mesmo resultado dos homens, porque ainda imperam as discriminações sociais que atalham a participação das mulheres, e, como no tabuleiro de xadrez, coloca em “xeque” a própria democracia representativa.

Machado e Almeida (2018, p. 45) ponderam que:

> Na história antiga, o papel desempenhado pelas mulheres era fortemente limitado pelas estruturas patriarcais da sociedade, que as relegavam a funções como a agricultura, o cuidado do lar e das crianças. Além disso, estavam subordinadas aos maridos e também aos ditames impostos pela Igreja Católica, que as considerava como inferiores e destinadas a servir aos homens.

Segundo os autores, na sociedade patriarcal brasileira, quando crianças, as mulheres permaneciam sob as ordens do pai, e quando adultas às do marido. Se de classe privilegiada, não lhe era permitido exercer nenhuma profissão. Já aquelas pertencentes às classes desprivilegiadas sempre tiveram que trabalhar, exercendo funções como domésticas, costureiras, entre outras. (MACHADO; ALMEIDA, 2018)

Quando passaram a desenvolver outras atividades, por sua vez, recebiam valor bem inferior àquele pago aos homens, nesse sentido, ensina Barreto (2007) que às mulheres sempre foi atribuído um *status* social de inferioridade, pautada sem leis discriminatórias e exclusivistas, que colocaram a mulher em situação de inferioridade e submissão ao homem, não somente nas relações domésticas.

Fato é que foi a revolução industrial o grande marco para inserção definitiva da mulher no mercado de trabalho em âmbito mundial, ante a necessidade do trabalho braçal, as mulheres puderam ocupar espaço nas fábricas, desempenhando as mesmas funções que os homens, mas aceitando salários mais baixos, além do desempenho de dupla jornada, visto que continuaram cumprindo as obrigações domésticas a elas atribuídas. (SANTOS; OLIVEIRA, 2021)

Como ensina Barreto (2007), os direitos das mulheres foram ignorados até mesmo pelos movimentos de direitos humanos, tratando as pautas feministas (como a requisição de participação política feminina, de igualdade no mercado de trabalho, educação, aborto e sexualidade das mulheres) na qualidade de secundárias. Apenas no ano de 2000 foi reconhecida a necessidade de promoção da igualdade feminina pela ONU, compreendendo que a histórica discriminação contra a mulher influencia negativamente o crescimento econômico-social dos países.

Em contrapartida, segundo Nilcéa Freire (2010, p. 102), desde que o Brasil é colônia portuguesa que se faz presente a luta por direitos do movimento feminista, nesse sentido: "No Brasil Colônia era vedado às mulheres o acesso a qualquer direito, incluindo o direito à educação [...]".

Na sociedade imperial se pôde identificar uma pressão por avanços das mulheres no acesso à educação, ao trabalho e à participação política e, na última metade do século XIX, surgiu a primeira manifestação da imprensa feminista no Brasil. Francisca Senhorinha da Motta Diniz, professora de Minas Gerais, era editora de um jornal e lutava pela educação das mulheres. Importante destacar que Nísia Floresta, em

1832, já escrevia artigos para a grande imprensa. (FREIRE, 2010)

As assembleias de movimentos de mulheres no fim do século XIX e início do XX, formadas essencialmente por integrantes da classe média, já faziam o exercício de conceituar os seus direitos como direitos específicos. Em suas reuniões, elas levantavam e debatiam questões pertinentes à sua participação na força de trabalho do país, reivindicando direitos como a licença maternidade, regulamentação da jornada, maiores salários e melhores condições de trabalho. E, na virada do século XIX, o movimento sufragista emergiu à busca de direitos políticos para as mulheres, tendo como uma das suas principais representantes a bióloga Bertha Lutz.

No plano internacional, aponta Freire (2010), a Declaração Universal dos Direitos Humanos, de 1948, como extremamente importante para a luta feminina por igualdade, ante a presença em posição de destaque, no preâmbulo, da menção à igualdade de gênero. No entanto, reconhece que apenas a partir de 1979, através de muita luta, a normatização dos direitos das mulheres se acentuou em instrumentos internacionais, destacando a Autora a Convenção sobre a Eliminação de Todas as Formas de Discriminação contra as

Mulheres (1979) e a Declaração e Plano de Ação da IV Conferência Mundial sobre a Mulher (1995).

Já no Brasil, a mulher conquistou a cidadania, segundo Barreto (2007), no que tange ao direito ao voto, com a Constituição de 1934, que em seu Art. 108 dispôs que seriam eleitores os brasileiros de ambos os sexos, maiores de 18 anos, que se alistassem. Assevera Freire (2010) que o movimento feminista ganhou força em âmbito nacional no final da década de 1970, unindo-se a movimentos antiditadura, garantiu avanço significativo de normatização (ao menos formal) dos direitos femininos, principalmente nas décadas de 1980 e 1990.

Expressão disto foi a promulgação da Constituição Federal de 1988, que dá posição de destaque ao direito fundamental à igualdade de gênero. Contudo, pertinente se faz a análise de relevantes leis que precederam a Carta Magna, bem como a "Carta das Mulheres à Constituinte", a fim de se melhor compreender os avanços trazidos pela Constituição Cidadã, e ainda, a real extensão da efetividade dos direitos nesta garantidos. (BRASIL, 2016)

Em 1985 foi criado o Conselho Nacional dos Direitos da Mulher (CNDM), pela Lei Ordinária Federal nº 7.353/85, devido à pressão exercida pelos movimentos feministas, segundo a historiadora Amâncio (2013). A criação desse órgão abriu espaço para o debate na sociedade civil acerca das questões femininas, articulando e promovendo debates e campanhas, com o intuito de promover os direitos das mulheres.

Tal órgão atuou enquanto mediador entre os movimentos feministas e os parlamentares constituintes, fomentando a luta por direitos da mulher no decorrer de todo o processo de redemocratização política do país. Seu quadro era composto de mulheres de classe média, principalmente aquelas já engajadas na luta política e de movimentos de mulheres, mas também mulheres de classes populares. Objetivava a construção de uma plataforma política atenta às reivindicações femininas, trazendo tais problemas à discussão.

Utilizando-se do Código Eleitoral de 1932 como marco temporal, bem antes dele, com exceção do Estado do Rio Grande do Norte, as mulheres eram mantidas longe das decisões políticas. Isso resultava em dicotomia viciosa, pois, não participando da vida pública do país, não tinham poder de decisão política, continuando assim, sem condições de se fazer representar.

Outra baliza relevante, é a escolha de Almerinda Farias Gama, única mulher delegada eleitoral, que participou, em 03 de maio de 1933, do processo de escolha dos representantes classistas para a Assembleia Nacional Constituinte, em plena vigência da primeira Ditadura Vargas. Nesse momento, estavam suspensos os direitos políticos de todos os membros do Governo da União, depostos pelo movimento revolucionário de 1930. Estavam suspensos, igualmente, os direitos políticos de todos os membros dos governos dos Estados e de todos os ex-deputados e ex-senadores. (QUADROS, 2022)

Somente em 10 de novembro de 1933, junto com os outros representantes, que tomou posse a primeira mulher eleita deputada constituinte, a médica Carlota Pereira de Queirós (SP), no Plenário do Palácio Tiradentes, sob a Presidência do Ministro Hermenegildo de Barros, presidente do Tribunal Superior da Justiça Eleitoral. (NUNES, 2019)

Destaca-se que, em 14 de outubro de 1934, na cidade de São João dos Patos, no Maranhão, Joanna da Rocha Santos, do PSD, foi eleita prefeita por todos os oitocentos eleitores do município. Para as assembleias legislativas, em vários Estados da federação, as mulheres obtiveram êxito. (PACHECO, 2007)

No Estado de Santa Catarina, a educadora e jornalista, Antonietta de Barros foi a primeira mulher eleita naquele Estado, sendo também, a primeira mulher negra eleita no Brasil. Na 2ª República, em 28 de julho de 1936, no Plenário da Câmara dos Deputados, ocorreu a posse de Bertha Maria JúliaLutz (SP), reconhecida e proclamada, deputada federal, pelo Distrito Federal, na vaga aberta pelo falecimento do deputado Cândido Pessoa. (TORRES, 2020)

Em 14 de outubro de 1937, exercendo a presidência da Comissão Especial de Elaboração do Estatuto da Mulher, a então deputada, conseguiu a aprovação do Projeto de Lei nº 736/37, que criou o 'Estatuto da Mulher', em que constam direitos de ordem política, econômico-social, cultural, civil-comercial e penal da mulher. Além disso foi ela quem criou o Dia do Professor.

Em torno de meio século depois, em 1979, Euníce Michiles, se tornou a primeira senadora do Brasil. Dez anos depois, em 1989, ocorreu a primeira candidatura de Maria Pio de Abreu, do Partido Nacional (PN), para a Presidência da República. As pessoas que viveram à época e eram eleitores e eleitoras, certamente, não se lembram. Porque, normalmente, somente se lembra dos candidatos majoritários ao pleito. (WESTIN, 2019)

Em setembro de 1995, três anos após a 4ª Conferência Mundial das Mulheres, em Beijing, China, foi aprovada, pelo Congresso Nacional, a política de cotas para arriscar reverter a exclusão do gênero feminino, da política parlamentar. Foi um passo importante, considerando que a regra determinou a reserva de 20% das vagas a serem preenchidas para candidaturas de mulheres (Art. 11, §3º da Lei nº 9.100/95). No mesmo ano, Roseana Sarney se elegeu a primeira governadora brasileira. (BRASIL, 1995a).

Importante lembrar o ano de 1997, quando foi promulgada a Lei Eleitoral nº 9.504 que fixou a participação do percentual mínimo de 30% e máximo de 70% para cada sexo no processo eleitoral. Entretanto, seu texto não trazia qualquer obrigatoriedade ou sanção aos partidos pela ausência de mulheres nas listas proporcionais, uma vez que a exigência era de simples "reserva" de vagas, calculada sobre o total de vagas a preencher (BRASIL, 1997).

Mais uma conquista adveio com a nova alteração ocorrida na legislação eleitoral, em setembro de 2009, possibilitou a edição da Lei nº 12.034, que modificou o artigo 10, §3º, da Lei nº 9.504/97, fazendo constar no lugar de "reservará", a palavra "preencherá", tornando obrigatório aos partidos e coligações, o cumprimento da cota mínima de 30%

de cada gênero, nas listas de candidaturas proporcionais (BRASIL, 2015a).

Passados seus vinte e cinco anos de vigência a Lei nº 9.504/97, apresenta pouca alteração, insuficiente e inexpressiva no conjunto daparticipação das mulheres nos espaços formais de poder. Significa dizer que as cotas não têm suscitado repercussões expressivas nas candidaturas das mulheres, que, em grande parte das vezes, não atingem os 30% (trinta inteiros de centésimos), o que naturalmente reflete no número de eleitas.

Com o advento da Lei nº 13.165, de 29 de setembro de 2015, que alterou as Leis n º 9.504/1997, 9.096/1995, e 4.737/1965 - Código Eleitoral, apresentaram-se normas em estímulo à participação feminina na política. (BRASIL, 2015)

Mas, se por um lado aumentavam as regras que possibilitavam uma maior participação da mulher, ainda era insuficiente. Foi assim, para dar mais efetividade à política de gênero em matéria eleitoral, que a reforma política trouxe regra alternativa à vinculação de parcela do Fundo Partidário prevista no inciso V do art. 44 da Lei nº 9.096/95, assentando que os recursos podem ser utilizados para financiamento de campanhas de candidatas.

A minuta original exige que os partidos políticos gastem

pelo menos 5% dos gastos do Fundo Partidario em "estabelecer e manter programas para encorajar e disseminar a participação política das mulheres". A partir de então, além de programas de promoção e difusão da participação feminina, os recursos poderão ser acumulados, alocados em conta específica, e destinados ao financiamento de campanhas de candidatas, conforme previsto na nova redação do §7° do art. 44 da Lei dos Partidos Políticos. Além disso, o art. 9° da Lei nº 13.165/2015 diz:

> Nas três eleições que se seguirem à publicação desta Lei, os partidos reservarão, em contas bancárias específicas para este fim, no mínimo 5% (cinco por cento) e no máximo 15% (quinze por cento) do montante do Fundo Partidário destinado ao financiamento das campanhas eleitorais para aplicação nas campanhas de suas candidatas, incluídos nesse valor os recursos a que se refere o inciso V do art. 44 da Lei nº 9.096, de 19 de setembro de 1995. (BRASIL, 2015)

A despeito da confusa redação dos dispositivos, que por vezes parecem se sobrepor, pode-se afirmar que, nos casos em que o partido reservar ao menos 5% do Fundo

Partidário em conta específica e aplicar esse valor em campanhas eleitorais de candidatas, a disciplina legal restará atendida.

O TSE promoverá, no período abrangido entre 1º de abril e 30 de julho dos anos eleitorais, em até cinco minutos diários, contínuos ou não, requisitados às emissoras de rádio e televisão, propaganda institucional, em rádio e televisão, destinada a incentivar a participação feminina na política, bem como a esclarecer os cidadãos sobre as regras e o funcionamento do sistema eleitoral brasileiro (art. 93-A da Lei Eleitoral).

2.2. A igualdade material na política

O saudoso constitucionalista Paulo Bonavides (1967-2007) traz alguns conceitos para o vocábulo "princípio", usualmente concedido ao termo. Um dos significados usualmente relacionados ao vocábulo conferido alude à norma provida de elevado grau de generalidade. De outra parte, há a convicção de que seria aquela norma que possui grande grau de indeterminação, aspecto que necessita consubstanciação pela exegese. Relevante mencionar também o entendimento de que representa normas de predicado programático, ou, norma que dispõe dentre as fontes do Direito. Pode-se apresentar um outro conceito, o de que é norma relevante e primordial de um complexo jurídico ou subsistema deste. Finalmente, mostra que princípio seria norma voltada aos intérpretes do Direito, com o encargo de conduzir a determinação das ferramentas ajustáveis a cada caso que se apresente. (BONAVIDES, 2017)

O Princípio da Igualdade é um dos pilares fundamentais do sistema jurídico brasileiro e está inscrito no caput do Art. 5º da Constituição Federal. Esse princípio estabelece que todas as pessoas são iguais perante a lei, sem distinção de qualquer natureza, garantindo a inviolabilidade de direitos como a vida, a liberdade, a igualdade, a segurança e a propriedade, tanto para os brasileiros quanto para os estrangeiros residentes no país. (BRASIL, 2016)

Isso significa que, segundo a Constituição Federal, todas as pessoas devem ser tratadas de forma igualitária e ter seus direitos respeitados, independentemente de sua origem, etnia, gênero, religião ou orientação sexual. A igualdade perante a lei é um direito fundamental de todos os cidadãos e é garantido pelo Estado brasileiro. (BRASIL, 2016)

Ressalte-se que o Princípio da Igualdade é um instrumento importante para combater a discriminação e as desigualdades sociais, econômicas e políticas. Ele garante que todas as pessoas tenham as mesmas oportunidades e possam exercer seus direitos e deveres de forma igualitária, independentemente de suas diferenças individuais.

Portanto, a Constituição Federal estabelece a igualdade como um valor fundamental da sociedade brasileira e garante a inviolabilidade de direitos fundamentais para todos os cidadãos e residentes no país, independentemente de suas características individuais. Esse princípio é fundamental para a construção de uma sociedade mais justa, equitativa e inclusiva. (BRASIL, 2016)

No preâmbulo da Constituição, embora não integre a Constituição como preceito normativo, a igualdade é descrita como valor maior para uma sociedade fraterna, pluralista e livre de preconceitos. Note-se que o legislador constituinte se preocupou em destacar por duas vezes o direito à igualdade dentre os direitos fundamentais. (BRASIL, 2016)

De acordo com a doutrina, existem dois tipos de igualdade, a saber, a igualdade formal e a material. A igualdade formal é aquela na qual todos, indistintamente, são tratados de forma idêntica, a despeito de qualquer situação subjetiva. Ergue-se com o liberalismo clássico, perenizando-se com a meritocracia. A igualdade material, de outra parte, historicamente, origina-se em Aristóteles e, em solo brasileiro, na obra de Ruy Barbosa, consistindo em conferir tratamento desigual aos desiguais, na proporção com suas desigualdades. Procedendo a partir da interpretação sistemática da Constituição, observa-se que essa é a igualdade pretendida pelo Constituinte Originário, na construção de uma sociedade solidária e o que mais prevê o Art. 3º, I e III, da Constituição brasileira. (BARBOSA, 1987)

A cláusula geral de Igualdade, como norma de eficácia plena, tem aplicação imediata. Prescinde de regulamentação para que surtam seus efeitos, produzindo-os a partir do instante em que foi promulgada, o que consiste em grau de relevância.

Discorre Sarlet (2007) acerca do direito de igualdade, pontuando que este guarda importância objetiva e subjetiva, sendo esta última, oportunamente, negativa ou positiva. No tocante à dimensão objetiva configura-se como base fundante do Estado Democrático deDireito. No tempo em que sua dimensão subjetiva, opera individual ou coletivamente, no ângulo negativo e representa o anteparo de abordagens inconciliáveis com a igualdade, e na positiva, denominada ainda como prestacional, representa a admissão conforme às prestações do Estado, disjunta a desigualdade de fato, havendo-se de imposição constitucional de igualdade de chances.

Endossa Celso Antônio Bandeira de Mello (2005), que a controvérsia não reside na teorética da igualdade material, argumentada por Aristóteles, consoante declinado alhures, em tratamento equânime, na proporção do igual aos iguais e desigual aos desiguais. Traduz-se na inquirição sobre o quantitativo de quem concerniriam tanto os iguais quanto os desiguais, e quais parâmetros a serem utilizados para os clarificar, com o escopo de lhes outorgar soluções jurídicas diversas, sem exclusão da isonomia. As leis indicam situações com fins a indicar a quais disposições deve cada caso se subsumir, elegendo componente distintivo ao qual atribui relevo, estipulando para cada elemento, resultado jurídico variado, investigando-se, assim, as divisas dessas distinções normativas. Qualquer traçado de um ser em sua individualidade, pode ser definido por lei enquanto motor segregacionista, sem que, no entanto, sobre-exista conspurcado o princípio da igualdade. (MELLO, 2005)

Mello (2005), de modo percuciente, elucida que a Constituição procura evitar, na medida do possível, diferenciações desmotivadas, contingenciais e maléficas, que detenham volição intolerante usualmente disposta em determinada realidade histórico-social. Neste tom, estabelece três parâmetros para o reconhecimento da violação à isonomia, observando-se inicialmente, atentar para o aspecto distintivo perfilhado e, após, se existe razão lógica entre dado componente e o procedimento normativo diverso e, finalmente, se tal correspondência, efetivamente, subsome-se aos comandos ilacionados pela ordem jurídica constitucional, reverenciando preceitos constitucionalmente patrocinados. Para que seja a dissemelhança retraída em adequada diretriz congruente com o princípio isonômico, importante atender, associadamente, a esses três parâmetros.

A lei não poderia firmar componente distinto que individualize o alvo da norma de modo peremptório, de modo a tornar impossibilitada a recidiva de tais medidas no porvir. A lei, pelo exposto, somente se destinaria a sujeito ao seu tempo indeterminado. Ademais, o vetor segregador não deveria residir sob conjuntura alheia ao ente favorecido. Seria a isonomia a principal garantidora de direitos individuais, necessitando partir do pressuposto da igualdade prenunciada na Constituição Federal, com iminentes particularidades oriundas da lei, desde que se conciliem, em todas as suas perspectivas, com o que determina o texto constitucional.

As ações afirmativas, colocam-se como instrumento de correção de distorções e, enquanto políticas públicas, buscam assegurar determinadas vantagens àqueles segmentos em estado de desigualdade, os quais, sem a devida ingerência do poder público não alcançará o patamar de igualdade. Estamentos estes, que se situam ao abrigo da justiça social, como meio de correção de arbitrariedades históricas.

As marginalizações positivas ou desequilíbrios permissíveis, são as que decorrem da peculiar locução prescritiva das constituições, com intentos ao pleno resultado prático do princípio da isonomia. A Professora Flávia Piovesan (2008), preleciona de forma iniludível acerca da existência de duas estratégias para desarraigar a diferenciação na qualidade de representação de estereótipos e hostilidades que se perpetuam no plano histórico-social. Aponta como primeira a estratégia repressiva-punitiva, com o objetivo de eliminar tal discriminação, com o fito de propiciar o ordinário uso dos direitos e garantias individuais.

Em um outro aspecto, diz ser tal medida contingencial e falha no sentido de propiciar a plenitude do princípio da igualdade. De fundamental importância, desse modo, a aglutinação desta com a estratégia promocional, municiada de políticas compensatórias capazes de agilizar o processamento da efetivação da igualdade, promovendo a integração de agrupamentos socialmente expostos e desabrigados de tal proteção. Leciona também, que a igualdade e a discriminação volitam sob a díspare inclusão-exclusão.

Ao passo em que a igualdade deduz contornos de inserção social, a segregação impõe a abrupta exclusão e intransigência à dessemelhança e à diversidade. Torna-se perceptível que a reprovação da exclusão, por si, não implica reflexamente na inclusão. Assim, não basta proibir a exclusão, se a pretensão é garantir a igualdade efetiva, na busca da inclusão social de coletividades que vivenciam na linha do tempo um resistente grau de violência e isolamento.

Convém lembrar, por oportuno, a Convenção sobre a Eliminação de todas as formas deDiscriminação Racial, como também a Convenção sobre a Eliminação de todas as formas de Discriminação contra a Mulher, e suas medidas específicas e provisórias com o objeto de precipitar a instalação da igualdade de fato entre mulheres e homens, agregando as mulheres em ambientes onde historicamente são minoria ou mesmo não fazem parte.

Na lição da Professora Flávia Piovesan (2008), vários exemplos podem ser apontados da admissão desse modelo de política na estrutura jurídica brasileira, tanto na Constituição Federal, como na legislação infraconstitucional, em especial a Lei Ordinária Federal n.º 9.100/95, que, ao estabelecer normas para a realização das eleições municipais de 3 de outubro de 1996, institui cotas para a candidatura de mulheres. Junto ao Poder Público Federal, vários programas objetivaram medidas de inclusão, com destaque para o Programa Nacional de Ações Afirmativas, além do Programa Diversidade na Universidade.

Norma importante resta configurada no Estatuto da Igualdade Social (Lei n.º 12.288/2010) que estabelece a fixação de cotas na Administração Pública, dá relevância à população negra, com cotas visando sua visibilidade nas mídias, com o estabelecimento de políticas compensatórias. Destarte, o uso de políticas reparatórias com ações afirmativas, configuram-se de relevante urgência e importante para a correção das discriminações disseminadas na história em detrimento de grupos suscetíveis a uma maior vulnerabilidade no âmbito social, devendo ser obstada qualquer demora ao o alcance à constitucional igualdade material.

Segundo Silva e Coutinho (2019, p. 31) "o óbice constitucional à discriminação ajustada no sexo não é irrestrito. Aceitam-se, em certas situações, que seja permitido tratamento dessemelhante a mulheres e homens, observada a existência de alguma peculiaridade diferencial que permita sua distinção".

Assim, cabe ao intérprete da norma examinar a compatibilidade das cotas para candidaturas que se lhe apresentarem na ocasião. De tal modo, conclui-se que a luta das mulheres pela igualdade e pelo exercício integral de seus direitos políticos é mesmo uma luta por uma sociedade potencialmente menos injusta no arcabouço de suas relações sociais.

A igualdade na participação política é uma premissa democrática. É indispensável reconhecer ao maior número de adultos a possibilidade de participar das decisões políticas, com igualdade de forças, e real possibilidade de influenciar na formação da agenda e na tomada de decisões. (DAHL, 2001). Além disso, a participação da mulher na política, no exercício de cargos eletivos, é indicadora de qualidade da democracia. (MOISÉS; SANCHÉZ, 2014)

No ano de 1993 apresentaram-se projetos de lei trazendo a lume as ações afirmativas para ampliação da participação da mulher na política. Comparando os dispositivos legais (Leis nº 9.100/95 e 9.504/97), verifica-se o aumento do percentual das quotas de gênero de 20% para 30%, o que não correspondeu efetivamente no aumento das candidaturas de mulheres. Em contrário,o que se evidenciou no contexto foi a dilatação do quantitativo de candidaturas lançadas pelos partidos nas eleições proporcionais (de 120% das vagas conforme a Lei nº. 9.100/95, para 150%, no mínimo, consoante dispunha a Lei nº. 9.504) o que, em contrapartida, diminuiu exponencialmente as quotas femininas. O termo "reservar", por sua semântica na lei, não obrigou aos partidos políticos a procederem no preenchimento das vagas, efetivamente, com percentual mínimo de mulheres. De outra parte, não previu a norma nenhuma sanção no caso de inadimplemento quanto ao preenchimento das quotas. No sentido de aperfeiçoar a estrutura de quotas e, desse modo, possibilitar o ingresso de mulheres no meio político, no ano de 2009, sobreveio a Lei nº 12.034, que alterou as Leis Nº 9.096, de 19 de setembro de 1995 - Lei dos Partidos Políticos, 9.504, de 30 de setembro de 1997, e 4.737, de 15 de julho de 1965 - Código Eleitoral. O Art. 10, em seu §3º passou a ter a seguinte redação: Do número de vagas resultante das regras previstas neste artigo, cada partido ou coligação preencherá o mínimo de 30% (trinta por cento) e o máximo de 70% (setenta por cento) para candidaturas de cada sexo.

A alteração normativa andou mal ao não utilizar expressão mais contundente no sentido de obrigar, optando pelo termo "preencherá" ao invés da expressão "deverá reservar" vagas. Assim, a obrigatoriedade do número de vagas onde cada partido ou coligação preencherá o mínimo de 30% (trinta por cento) e o máximo de 70% (setentapor cento) para candidaturas de cada sexo, foi claramente mitigada, obrigando a uma interpretação extensiva que, a qualquer momento poderá ser mudada, ao sabor das conveniências do plano histórico. Não teve, desse modo, efetividade, configurando muito mais um aceno do que uma real possibilidade de correção das distorções diuturnamente assinaladas. O resultado não poderia ser outro que a continuidade da situação pois, a representaçãofeminina no Legislativo continua muito baixa, contribuindo para a perpetuidade da injustiça social.

Tal aspecto relevado encontra eco em questões como a contrariedade de alcance de financiamentos para subsidiar campanhas de mulheres e uma maior participação no tempo de propaganda eleitoral gratuita, que nem sempre é distribuído equitativamente pelo partido entre seus candidatos ao pleito, mas segundo critérios próprios. Tal conduta abre espaço para que as candidaturas femininas possam ser inviabilizadas ou, ainda invisibilizadas, dificultando a que o eleitorado possa conhecer as mulheres que concorrem ao pleito eleitoral.

De uma vez por todas é necessária a ampliação da compreensão que não se trata tão somente de uma questão de gênero. Ultrapassa tais limites, com alcance muito maior, se adotada uma visão de largo espectro.

Segundo Alves e Arantes (2019, p. 52), "É preciso ir além da análise restrita ao binômio masculino/feminino, visando compreender as múltiplas identidades que permeiam a sociedade, levando em conta aspectos como raça, orientação sexual, classe social, entre outros"

O aumento da representatividade da mulher na política pertine à própria efetividade da democracia que traz em seu cerne, princípios que possibilitam às mulheres estados de equidade na concorrência dos pleitos eleitorais. Deduz-se que a *poiesis* da participação política das mulheres, seja uma opção viável e de exequibilidade.

3 A PARTICIPAÇÃO DE MULHERES NAS ATIVIDADES POLÍTICO- PARTIDÁRIAS E AS AÇÕES AFIRMATIVAS

Na década de 90, inequivocamente, houve considerável avanço na liderança das mulheres na América Latina. Em um primeiro plano, houve um aumento extraordinário do número de mulheres em cargos eletivos. Em um segundo aspecto, onze países da América Latina aprovaram leis de cotas que estabelecem o número mínimo de mulheres candidatas às eleições nacionais. Terceiro, mulheres de diferentes partidos políticos e orientações ideológicas cada vez mais se unem em alianças políticas para pressionar por mudanças nas questões que afetam as mulheres. Quarto, o tema de igualdade entre homens e mulheres foi ganhando espaço nas agendas políticas nacionais. Estes fatos são sinais de uma mudança dramática no contexto da liderança feminina na região.

O Brasil e boa parte do mundo ainda pesam e sopesam a realidade fenomênica, por seus pensadores, os jus filósofos, sobre conceitos ultrapassados de formas de apresentação de interesses e ideologias partilhadas pelos partidos, classificando-os erroneamente em esquerda, centro e direita. Isso ficou evidente nas eleições brasileiras de 2022, onde um dos candidatos aliou-se a grupos de visão social de mundo conflitante com a sua, tudo em nome de vencer as eleições, o que implicará na correlação de forças totalmente mista, quando do exercício do governo.

Num país federalista como o Brasil, a ideologia partidária, parte da visão social de mundo imposta pelo grupo que domina o poder, pode funcionar diametralmente de forma diferenciada a nível estadual e municipal, com foco dos estudos no nível federal. Na percepção de diversos autores o conhecimento acerca da postura ideológica de um partido pode advir: da percepção de seus eleitos, que tem sido a mais costumeira; ou de forma indireta, através de ações como votações nominais, manifestos partidários entre outras. (VELAR; PEREIRA; PRZEWORSKI, 2009; FERNANDES; FERNANDES, 2012; LIMA; SANTOS, 2014)

Não pode deixar de ser lembrado que ainda permanecem resquícios patriarcais e coronelistas, marca arraigada na política brasileira e, principalmente nordestina. Daí porque se falar em ações afirmativas, compreendidas como o conjunto de políticas que, uma vez evidenciado que pessoas não são tratadas igualmente e, desse modo, não acessam as mesmas oportunidades porque sofrem a carga de preconceitos e segregacionismos, necessitam de correções de tais distorções, uma vez obstaculizada a acessibilidade destas aos espaços de poder, de produção de conhecimento e de ações negociais.

Restam evidenciadas toda sorte de estigmas oriundos do processo discriminatório, que provocam, por sua vez a estereotipação de forma depreciativa de tais pessoas como socialmente inferiores, incompetentes, sem aptidão para qualquer atividade, colocando-as em situações de precarização em participar da sociedade civil organizada.

A Constituição Federal brasileira possui, em seu texto, dispositivos que buscam impedir a discriminação de gênero e garantir o direito à igualdade, possibilitando a inserção feminina nos diversos espaços sociais. Isso reflete o compromisso do Estado em assegurar o exercício pleno da cidadania e o respeito aos direitos fundamentais das mulheres. (BRASIL, 2016)

Apesar dessas garantias, quando se observa a participação das mulheres na política, percebe-se uma desproporcionalidade de gênero, com a predominância de homens nos espaços formais de atuação política. Essa realidade evidencia a persistência de obstáculos para a efetiva participação política feminina, em desacordo com os princípios da igualdade e da não-discriminação.

De acordo com Gomes, Alves e Lima (2018, p. 154),

> Apesar das inúmeras conquistas na luta pelos direitos das mulheres, ainda persistem desafios para a efetiva participação política feminina. A predominância masculina nos espaços formais de atuação política evidencia a existência de barreiras e obstáculos que limitam a atuação das mulheres na política, contrariando os princípios da igualdade e da não-discriminação.

Carneiro (2021, p. 35), por sua vez, considera que:

> A desproporcionalidade de gênero na participação política é um reflexo da persistência de valores e práticas discriminatórias que impedem o acesso equânime das mulheres aos espaços políticos. Essa realidade desafia os fundamentos da democracia, que preconiza a igualdade de direitos e oportunidades para todos os cidadãos, independentemente de seu gênero.

Nesse contexto, é fundamental que sejam adotadas medidas que visem a promoção da igualdade de gênero e a superação das desigualdades históricas enfrentadas pelas mulheres na sociedade brasileira.

É necessário, por exemplo, a implementação de políticas públicas que incentivem a participação feminina na política, bem como a criação de mecanismos que assegurem a igualdade de oportunidades para homens e mulheres em todos os âmbitos da vida social. Dessa forma, poderemos construir uma sociedade mais justa, equitativa e inclusiva para todas as cidadãs e cidadãos brasileiros.

O conceito fenomênico de gênero utilizado neste estudo, pertine ao conjunto de ações, atitudes, tarefas e papéis sociais associados tanto para homens quanto para mulheres em cada ambiente e situação social, assim como tudo aquilo que pode vir a ser definido ou classificado como masculino e feminino em seus atributos e qualidades.

O gênero traz em seu bojo, de forma binária, uma série de responsabilidades, ocupações, disposições afetivas, qualidades, personalidades e orientações sexuais que as culturas tradicionalmente representam como par constituído pela anatomia do homem e da mulher. Umas serão associadas à anatomia masculina e outras à anatomia feminina. Tal processo de associação faz parte de um processo cultural, uma forma de simbolizar diferenças instituída desde os primórdios da humanidade, para com base nelas, fundamentar e orientar os padrões de interação e comportamento social.

O Gênero não aponta tão somente o agrupamento das identificações masculina e feminina e, muito menos, o par representado pela "mulher" e o "homem" enquanto entidades generalizáveis e universais, cuja definição já se encontra preestabelecida. Observando a cultura de outros povos percebe-se a magnitude das diferenças de homens e mulheres no plano histórico. A saber se seria mais correto e mais proficiente falar de "relações de gênero" em vez de dizer sobre identidades fixas. Até que ponto existe vantagem em sensibilizar e chamar atenção à forma em que a diferença de gênero –feminino e masculino – origina no seio das relações intrínsecas a cada grupo.

A categoria de gênero pode ser identificada, registrada e mapeada da conjunção com os dois pares de termos, dominação/subordinação e autonomia/dependência, onde "dominação" é a prática daquele que, em razão do costume e posição na estrutura social, detém o poder. Por um lado, o poder é poderio de dominar e decidir e, assim, implica em um grau maior de autonomia na realização da capacidade decisória. Em outro plano, a subordinação demarca o mandato de obediência e, desse modo, provoca também dependência. Significativo distinguir dominação e subordinação ou autonomia e dependência nas esferas afetiva, social, política e econômica.

Embora cada um dos gêneros tenha seu valor específico, muitos tendem a considerar, nas diversas e variadas sociedades, persistem em considerar o valor de ambos como igual e complementar, não se pode ocultar o fato de que as atividades masculinas possuem prestígio maior. Evidencia-se uma hierarquia de prestígio entre as atividades desenvolvidas pelos homens e pelas mulheres em multíplices aspectos, sociedades e culturas.

Com relação à participação na política e na adoção de decisões políticas, assim como na delegação de tarefas próprias do espaço público, são dissonantes as prerrogativas preferencialmente masculinas em todas as sociedades, às quais se dá maior relevo e importância.

De acordo com Silva e Ribeiro (2020, p. 80), a participação política e a adoção de decisões políticas, bem como a delegação de tarefas próprias do espaço público, são marcadas por uma clara desigualdade de gênero em todas as sociedades. As prerrogativas preferencialmente masculinas são valorizadas e destacadas em detrimento das mulheres, o que perpetua a sub-representação feminina nos espaços de poder político e compromete a democracia e a efetivação dos direitos das mulheres.

Como demonstrado na Tabela 1, a seguir, o crescimento da representatividade da mulher no Brasil aconteceu lentamente.

Tabela 1 – Mulheres Candidatas e Eleitas da 36ª a 56ª Legislatura

Legislatura	**Candidata**	**Eleita**
36ª (1934-1935)	3	1
37ª (1935-1937)	3	2
38ª (1946-1950)	18	0
39ª (1951-1954)	9	1
40ª (1955-1959)	13	3
41ª (1959-1963)	8	1
42ª (1963-1967)	9	2
43ª (1967-1971)	13	6
44ª (1971-1975)	4	1
45ª (1975-1979)	4	1
46ª (1979-1983)	4	4
47ª (1983-1987)	58	8
48ª (1987-1991)	166	29
49ª (1991-1995)	167	30
50ª (1995-1999)	189	42
51ª (1999-2003)	352	39
52ª (2003-2007)	489	52
53ª (2007-2011)	652	52
54ª (2011-2015)	935	45
55ª (2015-2019)	1796	51
56ª (2019-2023)	2767	77

Fonte: Brasil (2023)

A discussão sobre direitos de minorias reclama prevenção para o fato de que, se, em teoria, a representatividade de certa legislatura encontra assento em compromisso com a participação igualitária de seus partícipes (membros), a realidade mostra que os direitos das minorias apresentam um caráter contingente, uma vez que são, por exemplo, condicionados pela correlação das forças partidárias.

Isso significa que a estereotipação das deputadas federais brasileiras como minoria política deve levar em consideração, necessariamente, a participação e destaque dos partidos na Câmara dos Deputados e em que limites a dimensão de gênero trespassa tais organizações.

3.1 As Dimensões do Princípio da Igualdade

O cerne do conceito de igualdade, que guarda em sua análise grande complexidade, por seus multíplices aspectos, está em discussão desde os primórdios das relações humanas no plano histórico. Para a uma melhor compreensão, interessante a digressão histórica na evolução dos conceitos filosóficos, elucidado às ideias iniciais sobre igualdade, estabelecida na antiguidade clássica.

Como não poderia deixar de ser, os estudos clássicos acerca da igualdade levam a investigação ao período dos filósofos pré-socráticos, perpassando por Sócrates, Platão e Aristóteles, alcançando ainda os pós-socráticos. O pensamento estoico evidencia o princípio da igualdade, onde todos oshomens se encontram sob um "nomos" unitário que os faz cidadãos do Estado Universal. (CANOTILHO, 2003)

A igualdade formal como é lógico supor, corresponde ao Estado visto sob o ângulo de sua natureza formal, no sentir de ser a igualdade diante da lei a inquietação e o direcionamento normativo do tratamento igualitário sem imbricações sobre qualidades ou qualidades pessoais e explícitas dos destinatários legais.

A igualdade formal é, assim, resultante do olhar da política do Estado de Direito, que é pautado na lei, objetivando a convergência de uma lei igual para todos. Pelo exposto, a norma, para alguns equivocadamente de superdireito, e acertadamente para muitos princípios, de que todos são iguais perante a lei como meio de garantir a efetividade dos direitos fundamentais estabelecidos neste Estado legal.

Nota-se um viés universalizante da norma, ressaltando que o acolhimento igualitário no âmbito formal possibilita a manifestação da categoria fenomênica do sujeito de direitos, como componente medular da relação jurídica, guarnecido de ampla abstração e universalidade, encerrando em si, como conteúdo, indistintamente, todas as pessoas como prováveis detentoras de direitos e prontas a contrair obrigações.

A igualdade de procedimentos na justiça formal diz respeito à observância adequada da regra da justiça concreta que estabelece a conformação daqueles que correspondem a determinada categoria. Na subsunção à norma, alcançar-se-á a justiça formal. No panorama formal, o princípio da igualdade assiste, desse modo, à repressão de atos incompatíveis, não inspirando, contudo, ações a serem alçadas para corrigir e distorções sociais.

Por essa razão há quem diga se tratar de um princípio negativo, uma vez que desqualifica o tratamento desigual pela lei, mas, em contrapartida, não provoca a adoção de procederes materiais, de utilidade para a regressão de situações de discrepância na fruição de bens e direito. Comporta críticas na medida em que não se presta para amainar as desigualdades de fato o que acaba contribuindo para eternizá-las.

O preceito magno da igualdade, como norma voltada ao aplicador da lei e para o próprio legislador, permite a possibilidade de dar condição à lei tratamento igualitário, onde os iguais e os desiguais são equilibrados harmonicamente. Desnecessário o argumento sobre o erro de idealizar a isonomia como fator impeditivo do estabelecimento de circunstâncias jurídicas distintas entre as pessoas.

Conforme destacado por Carvalho e Correia (2019, p. 68),

> O preceito magno da igualdade, como norma destinada tanto ao aplicador da lei quanto ao próprio legislador, impõe a necessidade de conferir tratamento igualitário à lei, de forma a harmonizar os iguais e os desiguais. Esse princípio é fundamental para a garantia dos direitos e da justiça social, devendo ser aplicado de forma ativa e efetiva pelo poder público.

Para a aplicação de tal princípio, a situação concreta requer que as desigualdades de fato transcorram das variações das aptidões pessoais, aplicando tratamento diferenciado uma vez observadas as distinções existentes. A lei não pode ser fonte de privilégios, diferenciações ou perseguições, mas instrumento regulador do ideal de vida social equânime de todos os cidadãos. A ordem jurídica rechaça as desequiparações fortuitas ou injustificadas.

O princípio da igualdade traz em si, na qualidade de princípio jurídico, largo espaço de indefinição e valoração, permitindo ao sujeito cognoscente, ao intérprete, quando do exercício da hermenêutica, a aferição conforme as necessidades usuais no meio social e histórico.

O princípio em comento comporta várias dimensões que lhe conferem um maior alcance. O modelo de estado onde se propicia o pleno desenvolvimento da pessoa humana, criando óbices a ocorrência de discriminações, contribui para o aprimoramento da igualdade formal.

Embora o Direito esteja posto para todos, alguns encontram-se em situação de desigualdade, necessitando da criação de condições para que possam vencer tais distorções, permitindo-se aos sem privilégio a possibilidade de atingir patamares superiores ao que se encontravam inseridos.

Pelo exposto, a igualdade determina equiparar juridicamente onde não exista justificativa para diferenciar e prescreve tratamento distintivo onde não sobre-exista razão suficiente para tal diferenciação. A situação impõe ao Direito o desafio de oferecer técnicas para dissolver as discriminações negativas e, em contrapartida, promover as discriminações positivas denominadas de ações afirmativas.

3.2 Ações Afirmativas como meio de Correção das Distorções da Isonomia

Jürgen Habermas, filósofo e sociólogo alemão, ao falar sobre o Estado Democrático de Direito enuncia uma ordem institucional cuja legitimidade exigiria tríplice aspecto: a ordem legal, o direito discursivo e o poder democrático institucionalizado. Para ele, para que se tenha uma ordem social validada e seja, de igual modo, legítima, precisa ter suas leis, suas normas de aplicação e suas formas de controle fundamentadas em diálogo pautado na argumentação racional, objetivando a compreensão e sendo livre de quaisquer aspectos de coação internos ou externos. (*apud* CARDOSO, 2016)

Segundo Habermas (1997, p. 159):

> A ideia básica é a seguinte: o princípio de democracia resulta da interligação que existe entre o princípio do discurso e a forma jurídica. O conceito **forma jurídica** que estabiliza as expectativas sociais de comportamento e do princípio do discurso à luz do qual é possível examinar a legitimidade das normas de ação em geral, nos fornece os meios suficientes para

> introduzir *in abstracto* as categorias dos direitos que geram o próprio código jurídico, uma vez que determinam o ***status* das pessoas de direito**. (Grifos do autor)

O membro da Escola de Frankfurt estabelece em seu estudo cinco tipos de diretos fundamentais:

> À máxima medida possível de semelhantes liberdades subjetivas de ação; às liberdades de comunicação entre civis volvidas pelo bem comum; à salvaguarda judicial; de participação em iguais oportunidades com volição à autonomia política; às categorias de vida social, imperativas para o desenvolvimento de seus direitos em igualdade de circunstância (HABERMAS, 1997, p. 159-160).

Em um primeiro plano, o que se pode apontar como desvantagem das mulheres em relação aos homens no âmbito da participação política e disputa de cargos públicos revela um passado de inacessibilidade ao poder e submissão ao estereotipo masculino, que provocaram cicatrizes sociais, não somente representadas pelas desigualdades no âmbito político, mas, de igual modo, em toda a ambiência social.

Em um segundo plano ressalta como o instituto da ação afirmativa, na busca pela correção das dissonâncias e do abismo social sexista criado, a concessão de quotas de gênero no processo eleitoral, que retumbou como tentativa de resposta do que esse sistema causa nas candidaturas de mulheres que, por sua vez representam sua inserção nas atividades político-partidárias, ressentido no número de candidaturas de mulheres às eleições do poder legislativo, tutelado pelas quotas, com o número reduzido de candidaturas no poder executivo.

A avaliação da legalidade e validade das ações afirmativas como garantidoras de direitos materiais e não apenas como meras manifestações de abuso de poder do Estado, repousa na exata proporção em que tais medidas não podem ser limitadas ou impedidas quanto à sua ocorrência.

As ações afirmativas, aqui consideradas como mecanismos de correção das distorções da isonomia, por essa razão detêm caráter de excepcionalidade e temporaneidade, uma vez que sua atuação perdurará somente enquanto perdurar a situação de desigualdade objeto de sua criação. Assim, alcança um conjunto de estratégias de favorecimento, por tempo limitado, de determinado grupo social que não consegue se desprender de seu *status quo* sem que seja alcançado por políticas públicas efetivas para eliminar os desequilíbrios existentes, até quando ainda permanecer esse quadro.

Interessante notar como essa mudança legislativa discriminatória positiva representou a superação da política compensatória a favor de uma política estrutural, de recolocação das circunstâncias de acesso às posições de poder. Utilizando-se do pensamento de Habermas (2002), é iniludível a constatação da confluência substancial entre as ações afirmativas, enquanto políticas públicas, e o Estado Democrático de Direito preconizado no *caput* do artigo primeiro da Constituição Federal do Brasil, que no afã da mantença de seus paradigmas, necessita intervir nas estruturas sociais para que as desigualdades provocadas por questões de natureza cultural e circunstâncias históricas sejam amenizadas e não obstaculizem seu princípio central para a concretização da democracia.

As ações afirmativas, como meio de promoção da igualdade, têm um objetivo muito mais amplo do que simplesmente buscar um equilíbrio numérico ou fático entre diferentes grupos sociais. Essas ações têm como finalidade principal mudar a forma como a sociedade enxerga e trata as minorias e os grupos que historicamente foram marginalizados e excluídos dos processos de acesso aos direitos fundamentais.

De acordo com Santos e Reis (2018, p. 108),

> As ações afirmativas representam um meio de promoção da igualdade e da justiça social, visando combater a discriminação histórica e estrutural que afeta determinados grupos, em especial as mulheres, os negros e as pessoas com deficiência. Tais ações têm o potencial de contribuir para a construção de uma sociedade mais justa e igualitária, em que a diversidade é valorizada e respeitada.

Por meio das ações afirmativas, busca-se criar condições para que os grupos historicamente discriminados possam se inserir de forma efetiva na sociedade, garantindo-lhes o acesso a oportunidades e benefícios que antes lhes eram negados. Dessa forma, a promoção da igualdade por meio de ações afirmativas não se limita a uma questão de justiça social ou de equilíbrio numérico, mas também tem um papel fundamental na mudança de comportamento da sociedade como um todo, no sentido de superar preconceitos e estereótipos arraigados e de construir uma sociedade mais inclusiva e igualitária para todos.

O exercício da política seria em tese, o ponto de partida para a mulher, no sentido de reivindicar o implemento das normas, tratados e convenções internacionais que se encontram em vigor, além de inovações que apoiem suas reclamações. É manifesto que as mulheres se confrontam múltiplos entraves partidários, onde a misoginia e o sexismo retardam a sua ativa participação na política. No contexto em apreço, sobressai o imperativo da enunciação dos direitos alcançados e à resolução das dificuldades ainda existentes nos campos político e eleitoral.

Para uma melhor compreensão, diante da inegável constatação da sub-representação das mulheres na política, de importância singular a análise acerca dos motivos ensejadores de tal quadro apresentado. Para isso pode-se partir da confrontação da legislação brasileira, das inovações normativas e dos precedentes importantes para a promoção de uma maior participação destas na vida política. É dizer sobre o alcance da jurisprudência do Supremo Tribunal Federal e, até mesmo, do TSE. Nesse sentido, importante consignar o artigo da Professora Marilda de Paula Silveira, intitulado “Democracia de Gênero e seus Desafios: Como as

Ações Afirmativas para Participação Feminina na Política devem ser Aprimoradas" que em muito contribui para a discussão em comento. (SILVEIRA, 2019)

A Professora Dra. Marilda Silveira parte da premissa da predominância masculina no exercício dos mandatos, pautada em análise estatística, de onde contribui para a elucidação dos motivos para o quadro de sub-representação, apontando os fatores, verdadeiras barreiras, para presença feminina no estamento político e decisório, razão para a distorção dos estímulos trazidos pelas ações afirmativas. (SILVEIRA, 2019)

Não é difícil perceber que os partidos políticos, sempre que possível, encontram formas de tentar manipular a exegese das ações afirmativas, o que enfraquece sobremaneira a representatividade feminina na política.

Para a professora, teria o poder constituinte originário brasileiro previsto "uma igualdade material e efetiva", uma vez que "estabeleceu a vedação do uso de tratamentos discriminatórios como forma de reduzir as desigualdades sociais e regionais". (SILVEIRA, 2019, p. 15)

Assim, caso necessário, reside permissivo legal para que seja adotado tratamento distinto entre pessoas que se acham em circunstância de desigualdade para acatar os objetivos dispostos no art. 3º, incisos III e IV. A Constituição Brasileira de 1988, além de abrigar os direitos fundamentais, vinculou o Poder Público a garantir esses direitos. Desse modo,a igualdade material além de estar prevista, atribui ao Estado uma conduta ativa para garantir a efetividade dos direitos fundamentais. (BRASIL, 2016)

As ações devem ser definidas como instrumentos temporários, públicos ou privados, para a promoção da igualdade substancial ou material, buscando modificar as estruturas culturais, pedagógicas e psicológicas que perpetuam a subordinação das minorias ou grupos marginalizados. Essas ações têm como objetivo não apenas alcançar um equilíbrio numérico, mas também provocar mudanças na sociedade, eliminando a preeminência e subordinação de um grupo sobre outro.

A efetividade das ações afirmativas é avaliada pela sua capacidade de promover uma mudança duradoura na percepção social, o que implica a sua eventual eliminação assim que a igualdade substancial seja alcançada. Há duas correntes teóricas que embasam as ações afirmativas: a justiça compensatória e a justiça distributiva. A primeira defende que as ações afirmativas são necessárias para corrigir as discriminações do passado, enquanto a segunda vê essas medidas como um meio de distribuir justiça na sociedade.

Averiguando a existência dessas teses dúbias, decretou-se a teoria da justiça distributiva, que embasa a adoção de ações afirmativas como meio de promoção da igualdade. A teoria da justiça compensatória defende que essas ações visam corrigir as discriminações do passado que ainda impactam a realidade atual.

Já a teoria da justiça distributiva argumenta que as ações afirmativas têm como objetivo distribuir de forma justa os benefícios e oportunidades que foram indevidamente negados a determinados grupos. Além disso, alguns estudiosos defendem que a adoção das ações afirmativas deve se basear nos princípios constitucionais da dignidade da pessoa humana, da democracia e do pluralismo político.

Independentemente da tese utilizada como base de sustentação, as ações afirmativas são consideradas meios legítimos de proteção ou resgate dos direitos fundamentais de grupos que historicamente foram impedidos de participar plenamente na vida pública e privada da sociedade. (BARBOSA, 2004; ARAÚJO, 2011)

3.3 A Atuação de Mulheres do Nordeste nas Atividades Político-Partidárias

A Constituição de 1988 propiciou a igualdade material entre homens e mulheres, em diversos artigos, em especial nos artigos 3º, inciso IV e 5º, *caput* e inciso I. Tal mudança jurídico-constitucional permitiu a ideologia de igualdade de direitos e deveres, possibilitando o fim das preferências e privilégios dos homens. (BRASIL, 2016)

Mas, se por um lado se tem a mudança de paradigma normativo, por outro, o reflexo disto tem andado a contrapé e o que se percebe é que em regiões como o Nordeste onde o machismo, o sexismo, a misoginia e o patriarcado ainda predominam, a participação de mulheres nas atividades político-partidárias tem sido pouco expressiva.

Em 29/09/2009, foi aprovada a lei nº 12.034, amplamente divulgada como minirreforma eleitoral que alterou o Código Eleitoral, fazendo modificações na lei de cotas e na lei dos Partidos Políticos. (OLIVEIRA, 2019)

Em relação às cotas, a nova lei acrescentou um caráter imperativo ao cumprimento da norma ao substituir a locução "deverá reservar" por "reservará" ao se referir ao percentual de 30% das vagas para candidaturas destinadas a um dos sexos. Como se pode ver, se um partido não angariar número suficiente de candidatos homens e mulheres, em consonância à cota eleitoral, não poderá preencher com candidatos de um sexo as vagas destinadas ao outro sexo. Concordar com tal pensamento redundaria em esvaziar o conteúdo prescrito pela norma, violando os princípios que ela busca tutelar (BARBOSA; MACHADO, 2015).

Oportuno aclarar que o cálculo dos percentuais de 30% e 70% leva em conta o número de registros de candidatura efetivamente requerido pelas agremiações. No que diz respeito às alterações na Lei dos Partidos Políticos, foram reservados 10% do tempo de propaganda gratuita eleitoral para candidatas mulheres, e a destinação de 5% do fundo partidário para criar e manter de programas de promoção e divulgação da participação política das mulheres (OLIVEIRA, 2019). Importante ressaltar que a este caso foi estipulada sanção em caso de descumprimento, sendo que os partidos políticos infratores deverão, no ano subsequente, acrescentar o percentual de 2,5% do Fundo Partidário para essa destinação (BRASIL, 2009).

Com o advento da lei foi sentida uma maior participação da mulher pertinente às eleições daquele ano, consoante informações do Superior Tribunal Eleitoral, por seu sistema de divulgação de candidaturas, no ano de 2014, naquele ano, o quantitativo de mulheres no pleito, na disputa quaisquer dos cargos nas Eleições Gerais foi de 46,5%, excedendo o percentual do último pleito, o ano 2010.

No quadro de quase vinte e cinco mil candidatos em todo o território brasileiro, 7.407 foram do sexo feminino, o que representou 29,73% da soma do total de concorrentes em 2014. Olhando as eleições de 2010, eram 5.056 candidatas, o que dá o percentual de 22,43%. Quanto à disputa dos cargos de deputado federal e estadual intensificou-se o número de mulheres candidatas: somaram 7.237 candidaturas, 2.404 a mais do que no ano de 2010. Na esfera federal, 2.057 mulheres (percentual 30,45%) concorreram.

No pleito estadual, verificou-se 4.880 candidaturas femininas (30,04%) que disputaram as vagas nas assembleias legislativas. Nos casos em comento observaram-se um aumento de cerca de 50% de candidaturas femininas em 2014, em comparação com 2010. Entretanto, nos cargos em disputa ao executivo, a participação feminina não sofreu alterações, mantendo-se no mesmo patamar anterior. Para o cargo de governadora do estado, as mulheres alcançaram aproximados 10% do total de candidatos com fins à obtenção da vaga nos dois pleitos.

Esse cenário pode ser explicado por não contemplar a lei de cotas, o Poder executivo, o que ressalta a importância das políticas públicas voltadas para a correção da segregação e, assim, da emancipação política feminina. Além disso, deve ser observado que a possibilidade de candidatura não implica um real alcance à tomada de decisões pela mulher através dos cargos públicos, uma vez que a maioria dessas mulheres não era eleita.

De acordo com Silva e Guedes (2019, p. 96),

> A simples possibilidade de candidatura feminina não implica, necessariamente, em um real alcance à tomada de decisões por parte das mulheres através dos cargos públicos, uma vez que a maioria dessas mulheres não é eleita. Isso evidencia a sub-representação das mulheres na política e a necessidade de políticas públicas voltadas para a promoção da igualdade de gênero e da participação feminina nos espaços de poder.

Muito embora as reformas eleitorais com imposição de quotas estejam previstas na Lei 9.504/1997, somente depois de 2009, após a mudança de posicionamento do TSE, é que ganharam maior efetividade. A partir daí, a cada eleição, novas modificações vêm sendo inseridas no sistema jurídico em ampliação da ação afirmativa como, por exemplo, o indeferimento de registro de todos os candidatos do partido ou coligação em caso de inadimplência da quota, a determinação de alocação de recursos financeiros para candidaturas de mulheres, e a penalização de partidos que não atenderem à imposição de reserva de tempo na propaganda em fomento à participação feminina. Assim a norma dispôs a que cada partido ou coligação reservasse percentual mínimo de 30% de sua lista eleitoral para os candidatos de cada sexo.

Em simples leitura da norma se infere a opção do legislador por estabelecer a reserva de vagas neutras de gênero, o que significa em outras palavras que a norma não especificaria um percentual mínimo de vagas com fins ao preenchimento específico por mulheres. A regra em comento foi pensada para ressalvar a posição das mulheres, que historicamente não usufruem de espaço destacado no ambiente político, tradicionalmente controlado por homens, considerando que nesses domínios, a segregação da mulher encerra problemática a ser superada.

Acerca da importância da adoção da política de reserva de vagas para candidaturas como ação afirmativa, Carneiro, Santos e Costa (1985) afirmam que as cotas retiram o peso do recrutamento político que recai sobre as mulheres, enquanto indivíduos e o põe sobre quem controla o processo de seleção de candidatos, ou seja, de modo específico os partidos políticos.

Pelo que foi exposto até aqui, as cotas obrigam os responsáveis pela indicação e nomeação dos candidatos empreenderem maiores esforços no recrutamento de mulheres, permitindo-lhes chances de participação que elas não alcançariam de outro modo. De acordo com Leme (2018, p. 45), "as cotas obrigam os partidos políticos e as coligações a empreenderem esforços maiores para recrutar mulheres como candidatas, o que permite uma maior participação feminina na política, o que não seria alcançado de outra forma".

A Legislação traz mecanismos de defesa para evitar a tentativa de burlar à norma, utilizando-se do subterfúgio de não possuírem candidatas em número suficiente para preencher o mínimo legal. Para isso o juiz eleitoral passou a adotar o contra-argumento trazido pelo entendimento de que a única possibilidade plausível nessa situação é a redução do número de candidatos homens, de modo a permitir a adequação do percentual legalmente previsto.Nesse sentido:

> Registro de candidaturas. Percentuais por sexo.
>
> **1.** Conforme decidido pelo TSE nas eleições de 2010, o § 3º do art. 10 da Lei nº 9.504/97, na redação dada pela Lei nº 12.034/2009, estabelece a observância obrigatória dos percentuais mínimo e máximo de cada sexo, o que é aferido de acordo com o número de candidatos efetivamente registrados.
>
> **2.** Não cabe a partido ou coligação pretender o preenchimento de vagas destinadas a um sexo por candidatos do outro sexo, a pretexto de ausência de candidatas do sexo feminino na circunscrição eleitoral, pois se tornaria inócua a previsão legal de reforço da participação feminina nas eleições, com reiterado descumprimento da lei.
>
> **3.** Sendo eventualmente impossível o registro de candidaturas femininas com o percentual mínimo de 30%,a única alternativa que o partido ou a coligação dispõe é a de reduzir o número de candidatos masculinos para adequar os respectivos percentuais, cuja providência, caso não atendida, ensejará o indeferimento do demonstrativo de regularidade dos atos partidários (DRAP).

> Recurso especial não provido. (Recurso Especial Eleitoral nº 2939, Acórdão, Relator(a) Min. Arnaldo Versiani Leite Soares, Publicação: PSESS - Publicado em Sessão, Data 06/11/2012)

O comando normativo trazido pelo §3º do artigo 10 da Lei 9.504/97 diz que do número de vagas resultante das regras previstas no artigo, cada partido ou coligação preencherá o mínimo de 30% e o máximo de 70% para candidaturas de cada sexo. A prática corriqueira de buscar as brechas da lei, faz com que os partidos muito longe de procurar aproveitar cumprir a lei, adotando-a como ponto inicial para uma maior inclusão de mulheres na política, passaram a utilizar meios para burlar a regra mencionada. Daí surgiram as candidaturas "laranjas" ou pseudocandidaturas, utilizando-se do registro de candidatas que não fazem campanha, não recebem um voto sequer, e em outras situações não detêm o conhecimento de que são candidatas, uma vez que foram registradas para concorrer à eleição, sem a sua autorização.

A Corte Eleitoral debateu em seus julgados diante desse cenário e, desse modo, evoluiu sua jurisprudência, adotando a partir daí o entendimento de que o embuste à lei utilizando-se de artifícios através de candidaturas falaciosas incidindo em fraude, o que pode ser revelado por intermédio da Ação de Impugnação de Mandato Eletivo - AIME.

A mudança de entendimento evidenciada na jurisprudência, ocorreu no ano de 2015, merecendo destaque o julgamento do REsp 149/PI29, cujo acórdão ementou a necessidade premente de superar o precedente em cujo entendimento a fraude referida no art. 14, §10, da CF, capaz de permitir o ajuizamento de AIME, seria tão somente aquela referente ao processo de votação. Destacou-se que a Ação de Impugnação de Mandato Eletivo deve ser admitida como instrumento de proteção da legitimidade e da normalidade das eleições contra todo tipo de abuso, corrupção e fraude, inclusive à lei, como acontece nos casos de registro de candidatura fictícia.

Um tempo depois, no julgamento do REsp 24342/PI30, o TSE, reiterou o tema referente às ações possíveis para a apuração das denominadas candidaturas fictícias. A discussão recai sobre o aspecto se a fraude na indicação de candidatas com fins a atender ao percentual mínimo de candidaturas por gênero pode também ser observada de modo semelhante no âmbito de Ação de Investigação Judicial Eleitoral.

O Tribunal, por decisão unânime, compreendeu pela necessidade de superar a interpretação formal do art. 22 da Lei Complementar 64/90, que estabelece as hipóteses de cabimento da Ação de Investigação Judicial Eleitoral, referindo que a hermenêutica das regras previstas na Lei de Inelegibilidades, e no sistema jurídico eleitoral em sua totalidade, devem ser efetivadas tendo como ponto de partida os mandamentos constitucionais, que implicam na salvaguarda da "normalidade" e legitimidade dos pleitos e a probabilidade de cassação de mandatos em consequência de abuso, fraude ou corrupção. Desse modo, inferiu-se pela perspectiva de levantamento de fraude eleitoral na complementação de vagas, com destino às candidaturas femininas, de igual modo, através de Ação de Investigação Judicial Eleitoral. Hodiernamente, intensificam-se os debates sobre os efeitos que essas ações que investigam fraude terão sobre os candidatos eleitos, neles incluídos as mulheres.

Um aspecto que merece atenção é o mecanismo implementado pelo legislador com o fito de procurar maior isonomia de gêneros no ambiente político-partidário que representou a reserva de 5% (cinco inteiros de centésimos) do fundo partidário para a criação e manutenção de programas direcionados à motivação voltada à participação feminina na política. Foi inicialmente trazida pela Lei n.º 12.034/2009, que incluiu o inciso "V" no art. 44 da Lei n.º 9.096/95.

Em momento posterior, com o objetivo de dar maior eficácia às alterações ocorridas no ano de 2009, a Lei n.º 13.165/2015 promoveu alterações, determinando como atribuição da secretaria da mulher do partido a constituição e preservação dos programas para os quais serão oferecidos os recursos do Fundo Partidário. (BRASIL, 2015)

De acordo com Falcão e Sadek (2018, p. 58),

> A minirreforma eleitoral de 2015 trouxe algumas mudanças importantes para o processo eleitoral brasileiro. Dentre as principais alterações, destacam-se a redução do tempo de campanha, a proibição de doações eleitorais por empresas e a criação de um limite para o financiamento de campanha pelos partidos políticos. Tais mudanças visam, em tese, reduzir a influência do poder econômico nas eleições e promover uma maior igualdade entre os candidatos.

A chamada minirreforma eleitoral de 2015 também elevou a pena aplicadaàs agremiações que descumprirem o quanto previsto pelo inciso V. Alterou-se o §5º, do art. 4437, aumentando de 2,5% (dois inteiros e cinco décimos por cento) para 12,5% (doze inteiros e cinco décimos por cento) o montante que deverá ser aplicado no exercício financeiro subsequente, em programas de promoção e difusão da participação feminina, pelos partidos que não tenham empregado no ano anterior o percentual mínimo de 5% (cinco por cento) para tal finalidade.

A Lei 13.165/2015 incluiu, ainda, os parágrafos 5º-A e 7º, ao art. 44, por meio dos quais passou a ser possível que as agremiações acumulem os fundos previstos no inciso V, em contas bancárias específicas, para futura utilização em campanhas eleitorais de candidatas do partido. (BRASIL, 2015)

Ao julgar a ADI 5617, o Supremo Tribunal Federal deu Interpretação conforme a Constituição ao art. 9º da Lei 13.165/2015 de modo a (a) equiparar o patamar legal mínimo de candidaturas femininas (hoje o do art. 10, § 3º, da Lei 9.504/1997, isto é, ao menos 30% de cidadãs), ao mínimo de recursos do Fundo Partidário a lhes serem destinados, que deve ser interpretado como também de 30% do montante do Fundo alocado a cada partido, para eleições majoritárias e proporcionais, e (b) fixar que, havendo percentual mais elevado de candidaturas femininas, o mínimo de recursos globais do partido destinados a campanhas lhe seja alocado na mesma proporção. (BRASIL, 2015)

A partir desse julgado, em controle concentrado, decisão semelhante foi tomada pelo TSE quanto a distribuição dos recursos do Fundo Especial de Financiamento de Campanha (FEFC), previsto nos artigos 16-C e 16-D, da Lei das Eleições, e do tempo de propaganda eleitoral gratuita no rádio e na televisão, regulamentada nos arts. 47 e seguintes do mesmo diploma legal.

Em resposta à Consulta 253-18, o Tribunal determinou que os partidos devem observar os percentuais mínimos de candidatura por gênero, nos termos do art. 10, § 3º, da Lei nº 9.504/97, na linha da orientação firmada na Suprema Corte ao exame da ADI 5617. No caso de percentual superior de candidaturas, impõe-se o acréscimo de recursos do FEFC e do tempo de propaganda na mesma proporção.

O TSE inicialmente implantou e posteriormente foi transformada em lei pelo Congresso Nacional a cota mínima de 30% das candidaturas destinadas para mulheres no denominado Fundo Especial de Financiamento de Campanha (FEFC). A Resolução TSE nº 23.607/2019, determinou que os recursos do Fundo Partidário devem ser aplicados na criação e manutenção de programas voltados à participação política das mulheres, criados e conservados pela secretaria da mulher de cadapartido político.

No Brasil, no ano de 2018 16,11% dos eleitos eram mulheres. No ano de 2020 o percentual foi de 15,80%. Nas eleições de 2020, no Nordeste, 15,12 % das vagas em câmaras municipais foram ocupadas por mulheres. O levantamento evidencia a desigualdade de gênero na participação política no Nordeste, sem falar no Brasil. A Igualdade de Gênero é o Objetivo de Desenvolvimento Sustentável (ODS) número 5 divulgado pelo Atlas Brasil.

Evidenciado o problema e suas causas, passou-se a expor as medidas que vêm sendo implantadas no sistema jurídico-eleitoral, com vistas a atenuar esse grave quadro de sub-representação feminina no cenário político brasileiro, analisando-se ainda a forma como o TSE tem realizado a interpretação e aplicação dessas leis.

Em seguida, passou-se a analisar a efetividade de tais regras na promoção de uma maior representatividade das mulheres em cargos político-decisórios. Constatou-se que as medidas até aqui implantadas, a despeito de terem gerado algum avanço no sentido de incrementar o número de candidatas nas eleições, têm sido pouco efetivas na promoção de um maior debate e conscientização acerca da importância da participação feminina na política e geraram mudanças extremamente modestas em relação ao acréscimo no número de mulheres que ocupam cargos eletivos.

Conforme apontam Rezende, Simões e Silva (2021, p. 84),

As medidas até aqui implantadas, como a reserva de vagas para candidatas e a destinação de recursos para campanhas femininas, têm gerado algum avanço no sentido de incrementar o número de candidatas nas eleições, porém, ainda são pouco efetivas na promoção de um maior debate e conscientização acerca da importância da participação feminina na política. Ademais, as mudanças têm sido extremamente modestas em relação ao acréscimo no número de mulheres que ocupam cargos eletivos, indicando que são necessários o aperfeiçoamento e a implementação de novas políticas de incentivo à participação feminina na política.

A partir de tal constatação, expôs-se as medidas propostas pela doutrinae pelo legislativo e que são voltadas a promover, de maneira mais efetiva, a modificação desse lamentável quadro de sub-representação feminina, que hoje macula a democracia brasileira. Por fim, conclui-se que sem a adoção de ações afirmativas que garantam a efetiva participação feminina em mandatos eletivos por meio de cotas que reservem as cadeiras por período de transição – sejam eles do executivo ou dolegislativo, não haverá superação das profundas desigualdades de gênero que ainda hoje constituem uma infeliz realidade no Brasil.

Essa não é uma análise pouco complexa. Repensar a origem do problema da sub-representação feminina na política, levantando suas causas é certamente um passo de extrema importância para que se possa vislumbrar caminhos de superação. Para compreender a sub-representação feminina na vida política brasileira, não se pode perder de vista que até 1962 a mulher era considerada relativamente incapaz e dependia do seu marido para exercer inúmeros direitos.

Daí para frente o histórico de desequiparação legal entre homens e mulheres vem diminuindo em todas as áreas, menos na política. A se considerar as pesquisas atuais, essa sub-representação não decorre de um fator natural simplesmente porque as mulheres não querem participar da política. Esse cenário decorre dessa complexidade de fatores e, sobretudo, de uma história que posicionou os homens em grande vantagem frete às mulheres.

Como, claro, quem ocupa posição de poder não quer sair e as regras são definidas por quem lá está, o ciclo de desequiparação nunca será interrompido a não ser por uma decisão externa a esse ciclo vicioso. Exatamente aqui, como fator de ruptura, entra a importância das ações afirmativas (como as quotas de gênero).

Os homens, evidentemente, não têm incentivo algum para alterar regras que favoreçam a participação feminina; ao contrário, querem aprovar projetos como esse que revogam a ação afirmativa mais importante nessa matéria. O reconhecimento constitucional e legal da igualdade entre homens e mulheres não foi suficiente para assegurar que as mulheres ocupassem o mesmo espaço que os homens na representação democrática.

Apesar dos exemplos de sucesso na implementação de medidas efetivas para a maior inclusão de mulheres nos centros de poder, é inacreditável que ainda haja quem pretenda revogar as ações afirmativas que vigoram nesse sentido.

> A despeito dos inegáveis avanços obtidos nas últimas décadas, persistem as desigualdades entre os gêneros, particularmente em relação ao acesso a cargos políticos. [...] Apesar dos

> exemplos de sucesso na implementação de medidas efetivas para a maior inclusão de mulheres nos centros de poder, é inacreditável que ainda haja quem pretenda revogar as ações afirmativas que vigoram nesse sentido. [...] Nesse sentido, é essencial que se continue a promover ações afirmativas que assegurem a igualdade de oportunidades de acesso aos cargos políticos e o pleno exercício das prerrogativas inerentes a essas posições, independentemente do gênero ou de qualquer outra forma de discriminação. (SANTOS, 2019, p. 62)

Como visto, no Brasil, é muito recente a implantação de mecanismos que buscam romper essa desigualdade. Apesar de as reformas eleitorais com imposição de quotas estarem previstas na Lei 9.504/1997, somente depois de 2009, com a alteração de posicionamento do TSE, é que se tornaram mais efetivas. Não há solução fácil e única para um problema tão profundo e complexo. Mas é certo que essas medidas devem ser mantidas e ampliadas até que a disputa por uma cadeira no poder executivo ou no poder legislativo seja equilibrada. A supressão de qualquer ação afirmativa nesse momento seria um absoluto retrocesso, incompatível com a pretensão constitucional.

3.4. Candidatas negras eleitas nas eleições

As principais fontes são o TSE (Tribunal Superior Eleitoral), o Ministério das Mulheres e o INESC (Instituto de Estudos Socioeconômicos), que utilizaram a base oficial do Portal de Dados Abertos do TSE.

Das quase 80 mil mulheres negras candidatas para todos os cargos nas eleições municipais de 2024, 10,9% foram eleitas (4.993, das quais 4.292 pardas e 701 pretas), mais que o dobro de 2020, quando houve 4,5% (4.026) de mulheres negras eleitas. Os dados são de levantamento do INESC em parceria com a Common Data, com base em dados oficiais do TSE.

Candidatas negras (pretas e pardas) foram 40% entre o total de mulheres que conseguiram se eleger para os cargos de vereadora ou prefeita, contra 59% de brancas. Essa disparidade evidencia uma tripla desigualdade: as mulheres ocupam apenas 18% das vagas em Câmaras Municipais no país.

Uma em cada dez candidatas brancas foi eleita, enquanto a proporção para as negras foi de uma a cada 26. Das prefeitas já eleitas, 33,1% são mulheres negras e 66% brancas. Das 1.048 vice-prefeitas eleitas, 648 são brancas (61,83%) e 383 (36,54%) são negras. Para o cargo de vereadora, foram 18,2% de mulheres eleitas, das quais 57,8% são brancas e 41,0% são negras. Mulheres negras, que representam 28% da população, foram apenas 8% do total de pessoas pretas e pardas eleitas para cargos de vereança.

Em relação a 2020, entre os vereadores, eleitos de cor preta registraram crescimento de 11% (chegando a 3.984 eleitos). O perfil completo das eleitas e dos eleitos pode ser consultado na página de estatísticas eleitorais do TSE, filtrando as informações por unidade da Federação e município.

Em São Paulo, em 2024, foram eleitas 1.781 pessoas negras para as Câmaras Municipais (25,27% do total). Em 2020, foram 1.487 (21,36%) e, em 2016, 1.215 (17,55%). Entre os prefeitos eleitos, 66 pessoas negras venceram a disputa para a prefeitura em 627 cidades paulistas, o que equivale a 10,53% do total de prefeitas e prefeitos eleitos no estado.

Gráfico 1 - Proporção de candidaturas e eleitos na Câmara dos Deputados em 2014, por gênero e raça/cor.

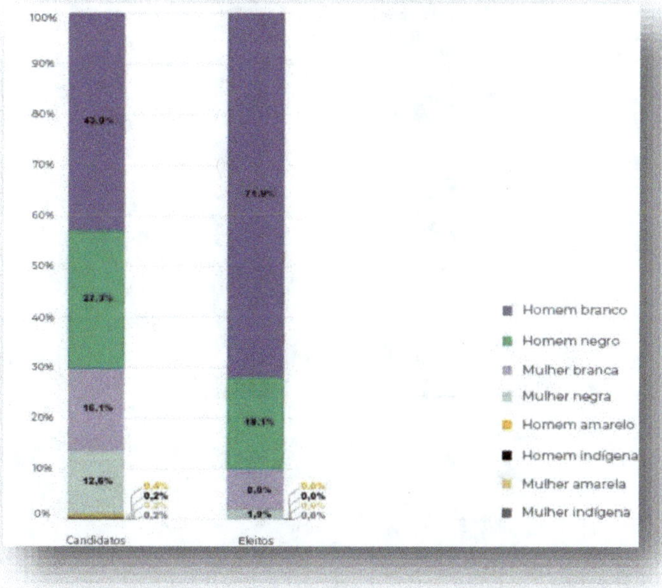

Fonte: INESC

Gráfico 2 - Proporção de candidaturas e eleitos na Câmara dos Deputados em 2018, por gênero e raça/cor.

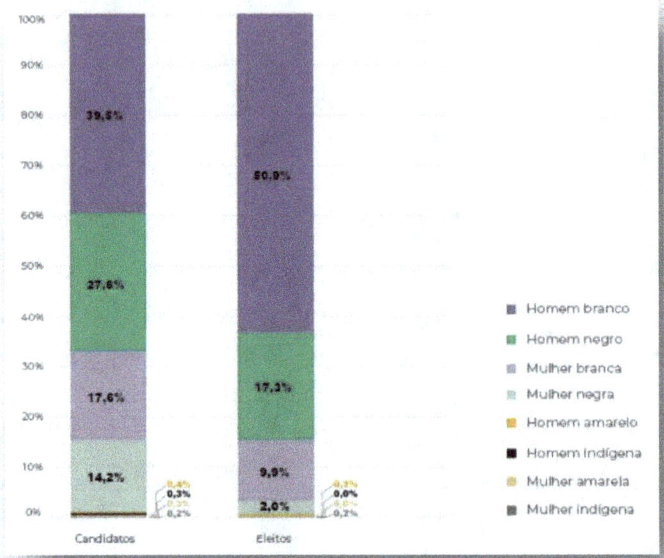

Fonte: INESC

Gráfico 3 - Proporção de candidaturas e eleitos na Câmara dos Deputados em 2022, por gênero e raça/cor.

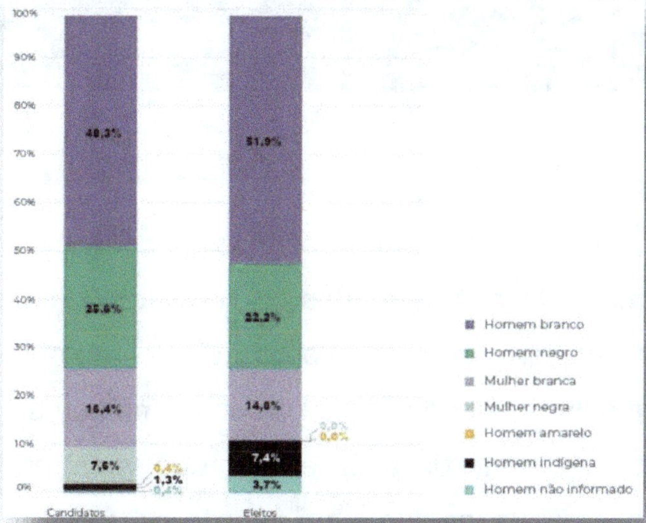

Fonte: INESC

De acordo com o INESC, em 2016 foram eleitas nas câmaras municipais apenas 15,3% de mulheres negras entre todas as vereadoras, das quais apenas 2,8% se autodeclaravam pretas. Em 2020, 39,3% das vereadoras eleitas eram negras. Em 2024, esse percentual chegou a 41% das vereadoras eleitas. Considerando todos os cargos, a proporção de mulheres negras eleitas passou de 4,8% do total de eleitos em 2016 para 4,9% em 2020 e 7,2% em 2024.

4 RAZÕES PARA A BAIXA PARTICIPAÇÃO POLÍTICA DAS MULHERES DO NORDESTE

No primeiro capítulo se discutiu acerca da participação das mulheres nas atividades político partidárias. No segundo, essa participação foi vista como meio de garantir a efetividade da igualdade material entre homens e mulheres. No presente capítulo, a partir da análise de grupo vocal onde mulheres expressaram suas dores em relação ao tema, observou-se o que elas consideram como medidas importantes para se garantir uma maior participação política. A pesquisa estruturada em larga amostragem traz conclusões iniludíveis sobre o tema, trazendo a lume a resposta ao problema.

Pelo exposto, cumpre experienciar o que outras nações estão fazendo e quais normas estão a produzir para, permitir às políticas públicas corrigirem as distorções visíveis e estatisticamente comprovadas. Em contraponto, a posição extraída da pesquisa realizada demonstra com atualidade a realidade atual (posicionamento trazido no subitem 3.1). A identificação da discriminação de gênero que reclama a igualdade em contrapartida e a violência simbólica que atua através do capital e, nele, ante sua falta, de equivalência deste entre as pessoas ou instituições é objeto do subitem 3.2. O fechamento do presente estudo se dá no subitem 3.3 quando no confronto da legislação, das políticas públicas, das estatísticas e do resultado da pesquisa, expõe-se com meridiana clareza o que falta para se dar efetividade a essa igualdade material almejada e formulada através das ações afirmativas.

4.1 A Representação Política por Mulheres no Direito Comparado

Atualmente é possível observar a adoção de mecanismos para promoção da igualdade entre homens e mulheres em diversos países, com destaque para as ações afirmativas que buscam fortalecer a participação política feminina nos parlamentos.

Nesse sentido, são citados dois modelos adotados pelos países: cotas para candidaturas e cotas com reserva de vagas. A última opção é menos comum, pois é criticada por representar uma intervenção indevida na escolha dos eleitores ao destinar cadeiras no Parlamento para um grupo minoritário.

4.1.1 A Experiência Argentina

Nesse ponto, é importante mencionar o exemplo da legislação Argentina, que conta com diversas disposições normativas voltadas para a garantia e efetivação dos direitos das mulheres. Duas dessas disposições são destacadas como contribuições significativas para ampliar a participação política feminina na Argentina: a Lei nº 23.179/85, que aprovou e incorporou ao ordenamento argentino a Convenção sobre a Eliminação de todas as Formas de Discriminação contra a Mulher, de 1979, e a reforma na Constituição Argentina em 1994. Essas medidas representam um esforço da Argentina para garantir a igualdade de gênero e promover a participação política feminina.

A Lei nº 23.179/85, por exemplo, reforça o compromisso do país em eliminar todas as formas de discriminação contra as mulheres, enquanto a reforma constitucional de 1994 incluiu disposições específicas para garantir a igualdade de gênero e combater o preconceito baseada no sexo. Essas ações afirmativas são exemplos de como os países podem adotar medidas específicas para promover a igualdade de gênero e aumentar a participação política das mulheres nos parlamentos.

Sobre a importância desses instrumentos normativos, Fanny Tabak (2000) ressalta que a reforma constitucional de 1994 foi um importante avanço no reconhecimento dos direitos da mulher, já que a Convenção sobre a Eliminação de todas as Formas de Discriminação contra a Mulher, considerada o instrumento legal mais elevado produzido pelo sistema das Nações Unidas, havia sido firmada pelo governo argentino.

A incorporação da Convenção no ordenamento jurídico argentino pela Lei nº. 23.179/85 também teve um impacto significativo. Em 1991, foi aprovada a Lei nº. 24.012, também conhecida como Lei de Cotas, que modificou o art. 60 do Código Eleitoral Nacional argentino. A lei estabeleceu que, para a oficialização das listas de candidatos apresentadas pelos partidos políticos, deveria haver, no mínimo, 30% de mulheres candidatas aos cargos eletivos.

Essa norma é considerada uma ação afirmativa importante para aumentar a representação feminina na política e garantir a igualdade de gênero. Além disso, a desobediência do requisito de 30% de mulheres nas listas de candidatos implicava em sanções aos partidos políticos. Essa medida garantiu a efetividade da Lei de Cotas e fortaleceu a participação política feminina na Argentina. Esses instrumentos normativos são exemplos de como a legislação pode ser utilizada para promover a igualdade de gênero e combater a discriminação contra as mulheres.

Segundo Guerra e Costa (2019, p. 305),

> Esses instrumentos normativos são exemplos de como a legislação pode ser utilizada para promover a igualdade de gênero e combater a discriminação contra as mulheres. É fundamental que essas normas sejam efetivamente implementadas e monitoradas, de forma a garantir que os direitos das mulheres sejam respeitados e que elas tenham igualdade de oportunidades em todas as esferas da vida.

Ressalte-se que a experiência argentina, embora semelhante ao sistemade cotas brasileiro, traz um importante diferencial: a lista fechada de candidaturas. A Argentina adotou uma série de medidas afirmativas para promover a participação política das mulheres, tendo a Lei de Cotas como uma das mais importantes. Através da Lei nº. 24.012/91, o país estabeleceu o percentual mínimo de 30% de candidaturas de mulheres para a oficialização das listas de candidatos apresentadas pelos partidos políticos, implicando em sanções aos partidos em caso de desobediência.

É importante ressaltar que a lista fechada de candidaturas na Argentina segue o critério de alternância de sexo, o que garante uma maior participação das mulheres nos cargos eletivos. Além disso, a reforma da Constituição Nacional Argentina em 1994, incluiu um dispositivo que garante a igualdade de oportunidades entre homens e mulheres para o acesso a cargos eletivos e partidários através de ações positivas na regulamentação dos partidos políticos e no sistema eleitoral.

Todas essas medidas afirmativas, aliadas a uma ampla divulgação das novas leis aprovadas, trouxeram resultados bastante favoráveis no contexto da ampliação da participação política das mulheres na Argentina. Assim, a experiência argentina serve de exemplo para outros países que buscam implementar políticas de igualdade de gênero na política.

A experiência Argentina com a adoção de cotas para aumentar a participação política das mulheres teve resultados significativos, como mencionado por Tabak (2000). Segundo a autora, a aplicação prática da Lei de Cotas nas eleições resultou em um aumento na representação feminina. Antes da sanção da lei em 1991, as mulheres constituíam apenas 5,5% do total de parlamentares na Argentina.

Após as eleições de 1993 e 1995, sua participação na Câmara dos Deputados aumentou para 28%, o que representa um aumento significativo na representatividade das mulheres na política do país. Esses dados evidenciam a importância das medidas de ação afirmativa para promover a igualdade de gênero na política e combater a sub-representação das mulheres nesse espaço. (TABAK, 2000)

4.1.2 América Latina

Na América Latina a legislação argentina, que se distingue das demais, possui variedade normativa com fins a garantir a efetivação do direito das mulheres. Dentre elas, já no ano de 1985, a Lei nº 23.179 aprovou e incorporou a Convenção sobre a Eliminação de todas as formas de discriminação contra as mulheres, do ano de 1979 e, na Constituição de 1994 apresentou mudanças significativas no tocante ao reconhecimento dos direitos da mulher.

Após a incorporação da Convenção a Lei n.º 24.102 deu nova redação ao artigo 60 do Código Eleitoral da Argentina, estabelecendo o mínimo de trinta por cento de candidaturas femininas para cargos eletivos. O ordenamento jurídico argentino no que pertine ao sistema de cotas, apresenta distinto diferencial, correspondente à lista fechada de candidaturas, estabelecendo para a eleição à Câmara dos Deputados o critério de alternância de sexo. Em consequência, a Lei de Cotas resultou aumento significativo da representação feminina.

4.1.3 Comunidade Europeia

A discussão sobre desigualdade de gênero na Comunidade Europeia é um tema recorrente, e diversas medidas foram tomadas para alcançar maior igualdade entre homens e mulheres. Uma dessas medidas foi a Diretiva nº 96/694/CE, de 1996, do Conselho da União Europeia, que buscava promover a participação equilibrada entre homens e mulheres nos processos decisórios e sugerir, se necessário, a adoção de medidas legislativas para atingir esse objetivo.

No entanto, mesmo após a edição dessa diretiva, ainda não se observava uma verdadeira igualdade de resultados entre homens e mulheres, especialmente em termos de representação nos espaços formais de poder. Diante dessa situação, alguns países europeus adotaram ações afirmativas, como quotas, como forma de garantir um aumento na participação política das mulheres.

A Comissão Europeia publicou guia orientativo de como criar equilíbrio na tomada de decisões políticas entre homens e mulheres. Alguns países europeus adotaram a discriminação positiva, com a finalidade de incrementar a participação política de mulheres. Nesse sentido, as quotas para candidatura tornaram-se o mecanismo primeiro de redução de desigualdades. As cortes constitucionais avaliaram a necessidade de previsão nas respectivas constituições sobre a possibilidade das desequiparações pautadas no critério de sexo, de modo a permitir ao legislador infraconstitucional a permissão de legislar sobre o assunto. Exemplo importante foi a França que instituiu lei com uma quota de 25% de candidatas nas eleições municipais ao proibir lista de candidatos com mais de 75%.

Segundo Bellintani (2006, p. 55), "as quotas têm sido salientadas como o mecanismo principal de redução das desigualdades entre homens e mulheres, nos mais diversos países da Europa". No entanto, algumas Cortes Constitucionais, ao analisar a questão de ações afirmativas e cotas para a candidatura de mulheres, entenderam que é necessário que as constituições nacionais prevejam a possibilidade de implementação de discriminações positivas baseadas no elemento sexo. Somente após essa previsão constitucional é que o legislador infraconstitucional teria permissão para legislar nesse sentido.

De acordo com Bellintani (2009, p. 105),

> A França é um exemplo importante de implantação das cotas de gênero na Europa. Em 1982, uma lei foi aprovada para estabelecer uma quota indireta de 25% de candidatas nas listas dos partidos políticos nas eleições municipais, por meio da proibição de listas de candidatos com mais de 75% de pessoas do mesmo sexo. No entanto, essa norma foi considerada inconstitucional pelo Conselho Constitucional, uma vez que violava o princípio da igualdade e a natureza universal do sufrágio, conforme disposto na Constituição. Dessa forma, foi necessária uma alteração na Constituição francesa para permitir expressamente a adoção de tais medidas como única forma de implementar tais mecanismos na sociedade e concretizar o ideal da paridade política entre os sexos.

Na França, após a Reforma Constitucional em 1999, as ações afirmativas que visavam a uma igualdade de resultados entre homens e mulheres passaram a ser expressamente admitidas, o que levou à elaboração de uma lei, em 2000, que trata sobre as cotas para a candidatura de mulheres. Nesse sentido, o IDEA indica que: A Constituição Francesa foi reformada em 1999 para declarar que "a lei favorece o acesso igual de mulheres e homens a mandatos eleitorais e funções eletivas" e que os partidos políticos eram responsáveis por facilitar o acesso igualitário. Essa emenda também é chamada de 'reforma de paridade'. (ARAÚJO, 2012)

Em 2000, uma nova lei eleitoral determinou que a reforma de paridade (50-50%) se aplicaria a todas as eleições com voto proporcional: eleições municipais para cidades com mais de 3.500 habitantes; eleições senatoriais para senadores selecionados por representação proporcional; eleições regionais; eleições para a Assembleia da Córsega; eleições do conselho geral do território de Saint-Pierre-et-Miquelon; eleições para o Parlamento Europeu; eleições do conselho de Paris; e eleições para os conselhos de arrondissement de Paris, Lyon e Marselha. (ARAÚJO, 2012)

A revisão constitucional em Portugal de 1997 teve como objetivo harmonizar o direito interno às normas internacionais e garantir a igualdade entre homens e mulheres. Nesse sentido, a Constituição Portuguesa passou a prever a adoção de medidas para promover a igualdade de gênero na política, incluindo a possibilidade de cotas para mulheres em listas eleitorais.

Segundo Bellintani (2009), essa mudança na Constituição portuguesa representou um marco na luta das mulheres portuguesas pela cidadania plena, tendo em vista que, historicamente, a sociedade portuguesa apresentava um forte preconceito contra as mulheres e tinham a ideia de que elas não eram capazes de governar.

Essa revisão constitucional em Portugal foi um reflexo do movimento em prol da paridade política entre os sexos na Europa e do reconhecimento da necessidade de se adotar medidas para reduzir a desigualdade de gênero na política.

Dentre esses dispositivos, ressaltamos o artigo 9º, alínea h e o artigo 109, da Constituição da República Portuguesa:

> Art. 9º, alínea h. São tarefas fundamentais do Estado: promover a igualdade entre homens e mulheres [...]. Art. 109. A participação direta e ativa de homens e mulheres na vida política constitui condição e instrumento fundamental de consolidação do sistema democrático, devendo a lei promover a igualdade no exercício dos direitos

cívicos e políticos e a não discriminação em função do sexo no acesso a cargos políticos.

Essas modificações realizadas na Constituição portuguesa tinham como fundamento a Convenção para a Eliminação de todas as Formas de Discriminação contra as Mulheres, que havia sido ratificada por Portugal em 1980. Como reflexo dessas medidas, o *Institute for Democracy and Electoral Assistance* – IDEA elaborou um estudo, no qual constava que, em julho de 2006, o Parlamento português aprovou as cotas mínimas para candidaturas de homens e mulheres. Em 6 de julho de 2006, o Parlamento aprovou uma lei de quotas estipulando que as listas de candidatos, para as eleições ao parlamento nacional, parlamento europeu e para as autoridades públicas locais, deveriam ter um mínimo de 33% do sexo sub-representado nas listas.

Também se aplica ao equilíbrio geral entre candidatos homens e mulheres de cada partido nas eleições legislativas nacionais, que são determinadas por uma votação majoritária de dois turnos. Conforme os dados do Instituto, o número de mulheres eleitas, em 2002, para compor a Câmara Baixa, que se equipara, no Brasil, à Câmara dos Deputados, foi 70, de um universo de 577 parlamentares, ou seja, pouco mais de 12,1%. (ARAÚJO, 2012)

A baixa representatividade feminina no parlamento brasileiro, como já mencionado, é resultado do pouco tempo de vigência da lei que estabelecia percentuais para candidaturas, que ainda não reflete a paridade desejada. O sistema de cotas com reserva de vagas para mulheres é uma ação afirmativa ousada, porém temerosa, que visa promover a igualdade entre homens e mulheres no exercício de funções políticas. A reserva de vagas interfere diretamente no pleito, restringindo a possibilidade de escolha do eleitor. (ARAÚJO, 2012)

4.1.4 Ruanda e outros países

Poucos países adotaram essa forma de ação afirmativa para promover a participação política feminina no parlamento, incluindo Bangladesh, Nepal, Paquistão e Tanzânia. O país que ocupa o primeiro lugar no ranking mundial de representatividade feminina no parlamento é Ruanda, na África, com 48,8% de mulheres ocupando assentos no parlamento. Isso se deve à nova Constituição elaborada após o genocídio da minoria étnica *Tutsi* em 1994, que prevê a reserva de vagas para mulheres no parlamento.

Dois dispositivos da Constituição de Ruanda abordam o tema: o artigo 9, que prevê que o Estado de Ruanda se compromete a garantir que as mulheres ocupem pelo menos 30% dos cargos em órgãos de tomada de decisão, e o artigo 82, que estabelece que o Senado será composto por 26 membros, dos quais 30% são mulheres. (ARAÚJO, 2012)

Uma constatação possível a que se pode chegar e plausível é a segregação política da mulher pela própria mulher, na reprodução do plano histórico, cultural e social ainda arraigado no Nordeste de que política não é para mulher, é coisa de homem. Mulheres não estariam preparadas para atuar politicamente. E isso se vê reproduzido desde o pensamento de Rousseau (2005) onde deixa claro que a política real deve ser papel do homem, restando às mulheres apenas o comportamento virtuoso até os dias atuais.

É certo que diversos países adotam mecanismos que possibilitem a promoção da igualdade material entre homens e mulheres, permitindo o seu engajamento nas atividades político-partidárias. Esse é o sentido das políticas públicas que adotam cotas para candidaturas, inclusive com reserva de vagas (o que é mais raro de acontecer). A legislação argentina é rica em normas que tenham por objetivo a garantia dos direitos das mulheres. Conveniente lembrar a Convenção sobre a eliminação de todas as formas de discriminação contra a mulher. A União Europeia implementou diversas medidas, mas ainda esbarra em óbices à sua concretização. O Direito francês e o português são exemplos. Uma das experiências é o sistema de cotas com reserva de vagas. O fracasso ou a pouca efetividade das políticas implementadas não deve servir de esmorecimentos das medidas. Não se pode olvidar a influência de séculos de história que entranharam na cultura e na sociedade o preconceito e a segregação da mulher em relação à política.

Apesar dos esforços, as políticas de promoção da igualdade de gênero ainda enfrentam desafios e obstáculos significativos. [...] O sucesso das políticas de igualdade de gênero depende de uma série de fatores, incluindo a disponibilidade de recursos adequados, o apoio político e o engajamento ativo da sociedade civil. [...] O fracasso ou a pouca efetividade das políticas implementadas não deve servir de desculpa para desistir das medidas. É importante reconhecer que as desigualdades de gênero têm profundas raízes históricas e culturais, e que a mudança só pode ser alcançada com esforços persistentes e de longo prazo. (SANTOS; LEITE, 2019, p. 83)

São barreiras a serem rompidas para impelir o animus no sentido da participação política. Tal não acontece da noite para o dia, mas, ao contrário são pontas de lança que se quebram a cada dia, pari passu no sentido de desvanecimento da inefetividade.

4.1.5 Estados Unidos

Considerado por alguns como originador das ações afirmativas, mais especificamente com a criação do sistema de cotas, os Estados Unidos constituem excelente cenário de estudo para verificação da eficácia das medidas de promoção da igualdade, para permitir o pleno exercício da cidadania feminina. Nos E.U.A. as mulheres conquistaram o sufrágio universal no ano de 1920. O sufragismo americano traz marcas da Convenção dos Direitos da mulher, no ano de 1848, na cidade de Seneca Falls. Ao longo dos debates na Convenção ficou estabelecido que um dos deveres das mulheres era a luta pelo sufrágio. O sufrágio feminino havia iniciado com o movimento antiescravagista. (CASTRO; SOUZA, 2021)

Em 1916 Jeannnette Rankin foi a primeira mulher eleita para o Congresso, na representação do Estado do Montana. Em 1972, Shirley Chisholm foi a primeira candidata negra a presidente. No ano de 1922 ocorreu a Primeira Conferência Pan-Americana de Mulheres, na cidade de Baltimore que, inclusive, marcou a interação brasileira com outros países.

No ano de 1996, a Associação Americana pelas Liberdades Civis – ACLU, ajuizou ação para obstar o fim de programas de ação afirmativa, que constavam da Proposição 209, aprovada por um percentual de 54% de eleitores na Costa Oeste americana.

4.2 (In) Efetividade da Igualdade Material entre Homens e Mulheres nas Atividades Político-Partidárias

Ao trabalhar o termo "efetividade" em sua realidade fenomênica, tem-se em seu significado, resultado prático daquilo que se pretende. Rudolf Von Ihering já assinalava que o Direito está para realizar e que a lei que não se realiza seria direito aparente. Na forma de dizer moderna, palavras vazias. Assim, o Direito não seria Direito sem a sua manifestação prática. A "efetividade" em seu sentido epistemológico jurídico ganhou força com a Constituição de 1988.

4.2.1 A Efetividade em seu corte epistemológico

A Constituição Pátria trouxe em seu inciso XXXV do art. 5º o princípio da inafastabilidade da jurisdição, ao dizer que a lei não excluirá do judiciário qualquer lesão ou ameaça a Direito. Ora, nesse aspecto, não se pode ultimar todos os direitos vergastados ou não postos, ou ainda, mal postos, nas "mãos" do judiciário. Há que haver significativa mudança legislativa e no público no sentido de sua realização em prol de se diminuírem os abismos sociais, dentre eles o objeto do presente estudo.

Revisitando conceitos de virtude da antiguidade clássica grega, dentre eles o de virtude, no caso vertente, a efetividade para ser virtuosa não pode abandonar os valores da Justiça e outros tantos. Mas para isso, precisa da atuação concreta e eficiente do direito material, nas situações de vantagem, subjetiva, conferida pelo ordenamento jurídico aos sujeitos de direito.

Eficiência, eficácia e efetividade estão intrinsecamente relacionadas com o desenvolvimento, no que tange às ações governamentais. Quando os atores governamentais não estão comprometidos com esses conceitos, impactam negativamente na vida dos cidadãos. A efetividade é percebida ao se avaliar em que medidas as ações provocaram transformações. A efetividade, portanto, está relacionada como o impacto e a identificação dos efeitos provocados em determinada população alvo. A grande dificuldade reside em garantir a vinculação entre as ações e a perceptível mudança provocada.

4.2.2 Consequência da falta de efetividade

A falta de efetividade leva à judicialização excessiva. A Constituição conquistou força normativa e efetividade. As normas constitucionais passaram a gozar de aplicabilidade imediata e direta pelo judiciário. Os direitos constitucionais em geral, os direitos fundamentais, os direitos políticos, converteram-se, num sentido pleno, em direitos subjetivos, concatenando uma tutela jurisdicional específica. Os processos, entretanto, findam por sobrepor esforços, em diversas entidades federativas incorrendo em instabilidades como a imprevisibilidade e a disfuncionalidade.

O Tribunal Regional Eleitoral do Ceará formou maioria para cassar, recentemente, os mandatos dos deputados estaduais do PL: Carmelo Neto, Marta Gonçalves, Silvana Oliveira e Alcides Fernandes. O TRE Ceará, em ação ajuizada pelo PT e PSOL, assim decidiu pautado no fato de não cumprirem a regra de cota de gênero. Ressalte-se que o recurso cabe ao TSE. A decisão, na intenção de punir o partido por não cumprir a regra de cota de gênero, tira do parlamento duas mulheres democraticamente eleitas.

Fatos como esse demonstram que o sistema apresenta inconsistências e excessos que atingem a própria política pública de cotas de gênero. O tema carrega uma reflexão teórica, cheia de complexidades e sutilezas. Se por um lado o judiciário não pode deixar de tutelar direitos fundamentais, por outro, não raro, as suas decisões acabam por ferir tais direitos. Em todas as hipóteses em que a Carta Magna tenha possibilitado a criação de direitos subjetivos – políticos, individuais, sociais ou difusos – o manuseio das decisões deve adotar cautela para que a decisão que busca dar efetividade ao direito, não o tire.

É nesse ponto que se tangencia a discussão sobre a igualdade material. O Professor Dr. Ministro Gilmar Ferreira Mendes (2004), ao discorrer sobre os Direitos Fundamentais enquanto normas protetivas de institutos jurídicos, coloca-os como elementos basilares da ordem constitucional objetiva. Em um momento pretérito (1993), assevera que a omissão legislativa se dá não somente quando o parlamento deixa de cumprir o seu dever, mas, de igual modo, quando o faz de modo incompleto.

A ADI nº 5.617, deu interpretação conforme à CF ao artigo 9º da Lei 13.165/2015 com fins a equiparar a base legal mínima de candidaturas de mulheres ao mínimo de recursos oriundos do Fundo Partidário destinado, a ser interpretado no patamar de 30% do montante alocado para cada partido, nas eleições majoritárias e nas proporcionais. Caso haja percentual maior de candidaturas de mulheres, os recursos terão que seguir na mesma proporção:

> AÇÃO DIRETA DE INCONSTITUCIONALIDADE. DIREITO CONSTITUCIONAL E ELEITORAL. ART. 9º DA LEI 13.165/2015. FIXAÇÃO DE PISO (5%) E DE TETO (15%) DO MONTANTE DO FUNDO PARTIDÁRIO DESTINADO AO FINANCIMENTO DAS CAMPANHAS ELEITORAIS PARA A APLICAÇÃO NAS CAMPANHAS DE CANDIDATAS. PRELIMINAR DE IMPOSSIBILIDADE JURÍDICA DO PEDIDO. REJEIÇÃO. INCONSTITUCIONALIDADE.

OFENSA À IGUALDADE E À NÃO-DISCRIMINAÇÃO. PROCEDÊNCIA DA AÇÃO. 1. O Supremo Tribunal Federal, ao examinar as alegações de inconstitucionalidade de norma, deve fixar a interpretação que constitucionalmente a densifique, a fim de fazer incidir o conteúdo normativo cuja efetividade independe de ato do Poder Legislativo. Precedentes. 2. O princípio da igualdade material é prestigiados por ações afirmativas. No entanto, utilizar, para qualquer outro fim, a diferença estabelecida com o objetivo de superar a discriminação ofende o mesmo princípio da igualdade, que veda tratamento discriminatório fundado em circunstâncias que estão fora do controle das pessoas, como a raça, o sexo, a cor da pele ou qualquer outra diferenciação arbitrariamente considerada. Precedente do CEDAW. 3. A autonomia partidária não consagra regra que exima o partido do respeito incondicional aos direitos fundamentais, pois é precisamente na artificiosa segmentação entre o público e o privado que reside a principal forma de discriminação das mulheres.

> 4. Ação direta julgada procedente para: (i) declarar a inconstitucionalidade da expressão 'três' contida no art. 9o da Lei 13.165/2015; (ii) dar interpretação conforme à Constituição ao art. 9o da Lei 13.165/2015 de modo a (a) equiparar o patamar legal mínimo de candidaturas femininas (hoje o do art. 10, § 3º, da Lei 9.504/1997, isto é, ao menos 30% de cidadãs), ao mínimo de recursos do Fundo Partidário a lhes serem destinados, que deve ser interpretado como também de 30% do montante do fundo alocado a cada partido, para eleições majoritárias e proporcionais, e (b) fixar que, havendo percentual mais elevado de candidaturas femininas, o mínimo de recursos globais do partido destinados a campanhas lhes seja alocado na mesma proporção; (iii) declarar a inconstitucionalidade, por arrastamento, do § 5º-A e do § 7º do art. 44 da Lei 9.096/95.

A fundamentação é de que as ações afirmativas dão relevo ao direito à igualdade. Na distribuição de recursos não pode existir discriminação no tocante ao sexo. Exigência singular é a de que as mulheres tenham iguais oportunidades e que sejam empoderadas para atingir a igualdade de resultados. A participação feminina nos movimentos políticos deve ser imperativo do Estado.

Merece uma especial atenção a ADFP nº 738, que traz a discussão sobre medidas de incentivo, a partir das eleições do ano de 2022, às candidaturas de mulheres negras. Foi deferida medida cautelar para fomentar incentivos à participação de pessoas negras em candidaturas ainda nas eleições de 2020:

REFERENDO NA MEDIDA CAUTELAR EM ARGUIÇÃO DE DESCUMPRIMENTO DE PRECEITO FUNDAMENTAL. POLÍTICAS PÚBLICAS DE CARÁTER AFIRMATIVO. INCENTIVO A CANDIDATURAS DE PESSOAS NEGRAS PARA CARGOS ELETIVOS. VALORES CONSTITUCIONAIS DA CIDADANIA E DA DIGNIDADE DA PESSOA HUMANA. IGUALDADE EM SENTIDO MATERIAL. ORIENTAÇÕES CONSTANTES DE RESPOSTA

DO TSE À CONSULTA FORMULADA POR PARLAMENTAR FEDERAL. APLICAÇÃO IMEDIATA PARA AS PRÓXIMAS ELEIÇÕES. NÃO INCIDÊNCIA DO PRINCÍPIO DA ANTERIORIDADE OU ANUALIDADE (ART. 16 DA CF/1988). MERO PROCEDIMENTO QUE NÃO ALTERA O PROCESSO ELEITORAL. PRECEDENTES. MEDIDA CAUTELAR REFERENDADA. I – Políticas públicas tendentes a incentivar a apresentação de candidaturas de pessoas negras aos cargos eletivos nas disputas eleitorais que se travam em nosso País, já a partir deste ano, prestam homenagem aos valores constitucionais da cidadania e da dignidade humana, bem como à exortação, abrigada no preâmbulo do texto magno, de construirmos, todos, uma sociedade fraterna, pluralista e sem preconceitos, fundada na harmonia social, livre de quaisquer formas de discriminação. II – O princípio da igualdade (art. 5º, caput, da CF), considerado em sua dimensão material, pressupõe a adoção, pelo Estado, seja de políticas universalistas, que abrangem um número indeterminado de indivíduos, mediante ações de natureza estrutural, seja de políticas afirmativas, as quais atingem grupos sociais determinados, de maneira pontual, atribuindo-lhes certas vantagens, por um tempo definido, com vistas a permitir que superem desigualdades decorrentes de situações históricas particulares (ADPF 186/DF, de minha relatoria). Precedentes. III – O entendimento do Supremo Tribunal Federal é no sentido de que só ocorre ofensa ao princípio da anterioridade nas hipóteses de: (i) rompimento da igualdade de participação dos partidos políticos ou candidatos no processo eleitoral; (ii) deformação que afete a normalidade das eleições; (iii) introdução de elemento perturbador do pleito; ou (iv) mudança motivada por propósito casuístico (ADI 3.741/DF, de minha relatoria). Precedentes. IV – No caso dos autos, é possível constatar que o TSE não promoveu qualquer inovação nas normas relativas ao processo eleitoral, concebido em sua acepção estrita, porquanto não modificou a disciplina das convenções partidárias, nem os coeficientes eleitorais e nem tampouco a extensão do sufrágio universal. Apenas introduziu um aperfeiçoamento nas regras relativas à propaganda, ao financiamento das campanhas e à prestação de

> contas, todas com caráter eminentemente procedimental, com o elevado propósito de ampliar a participação de cidadãos negros no embate democrático pela conquista de cargos políticos. V – Medida cautelar referendada.

A efetivação da igualdade material traz às candidaturas de mulheres negras a proteção e interseccionalidade, o que pertine à dignidade humana, à cidadania e ao enfrentamento à discriminação, através do implemento de políticas públicas de caráter afirmativo.

Da experiência de outros países, conjugada à vivência brasileira, parecem ser as ações afirmativas o caminho certo para a correção das distorções na participação política de mulheres, permitindo mais que o tratamento meramente isonômico, o rompimento do preconceito e a construção de uma nova história, de participação efetiva de homens e mulheres, lado a lado, na vida político-partidária, contribuindo para a construção de uma sociedade consoante preconiza o artigo 3º da Constituição Brasileira. (BRASIL, 2023)

Neste sentido, notadamente no que diz respeito aos direitos das mulheres, aponta Barreto (2007, p.04):

A Constituição do Brasil de 1988 significou um importante marco para a transição democrática brasileira. DenominadaConstituição Cidadã trouxe avanços no tocante ao reconhecimento dos direitos individuais e sociais das mulheres, resultado do intenso trabalho de articulação dos movimentos feministas, conhecido como *lobby* do batom, que apresentou propostas para um documento igualitário.

Ensina José Afonso da Silva (2017, p. 93): "O sexo sempre foi um fator de discriminação. O sexo feminino esteve sempre inferiorizado na ordem jurídica, e só mais recentemente vem ele, a duras penas , conquistando posição paritária, na vida social e jurídica, à do homem."

Constituição, como vimos, deu largo passo na superação do tratamento desigual fundado no sexo, ao equiparar os direitos e obrigações de homens e mulheres. Assim, a Constituição da República Federativa do Brasil deu destaque à igualdade de gênero logo no primeiro inciso no rol de garantias fundamentais do seu Art. 5º, assumindo compromisso com a igualdade materialde fato, entre homens e mulheres. *In verbis:* Art. 5º Todos são iguais perante a lei, sem distinção de qualquer natureza, garantindo-se aos brasileiros e aos estrangeiros residentes no País a inviolabilidade do direito à vida, à liberdade, à igualdade , à segurança e à propriedade, nos termos seguintes: I - homens e mulheres são iguais em direitos e obrigações, nos termos desta Constituição. (BRASIL, 2016)

Aponta Silva (2017), ainda, que o Princípio da Igualdade de Gênero foi contemplado pela Carta Magna também em outros pontos. No que diz respeito ao Direito de Família, trouxe o Art. 226, §5º da CRFB/88, em que retira o caráter machista visto no Código Civil de 1916, colocando as mulheres e os homens, juridicamente, em situação de igualdade no que tangem aos direitos e deveres referentes à sociedade conjugal, bem como a divisão igual do exercício do poder familiar, como pode-se inferir do §7º do referido artigo, que estipula que o planejamento familiar é de livre decisão do casal, deixando, portanto, o homem de ser considerado o "chefe da família", e, em caso de divergência entre ambos, a decisão deve ser levada ao judiciário, não havendo prevalência da vontade masculina, como aponta Barreto (2007).

4.2.3 A Igualdade Material de Gênero

A Igualdade Material de Gênero é um direito constitucionalmente conferido às mulheres, sendo certo que, se efetiva, é instrumento capaz de garantir a justiça social enquanto grupo minoritário, que historicamente ocupa posição subalterna na sociedade, que não possuía acesso a diversos direitos ora conferidos aos homens. Sabe-se que o que pretendia o constituinte originário, tanto na cláusula geral de igualdade, quanto na cláusula específica de igualdade de gênero, era garantir a igualdade material.

Certo é, que a igualdade no seu aspecto apenas formal apenas coíbe desigualdades futuras, mas não consegue sanar desigualdades pretéritas. Razão pela qual, só seria possível erradicar preconceitos históricos conjugando-se a estratégia repressiva-punitiva, que busca erradicar tais preconceitos e a estratégia promocional, que através de políticas compensatórias acelera-se o processo de igualdade.

Segundo Borges e Santos (2019, p. 25), "A igualdade formal, no entanto, é um pressuposto necessário para a construção da igualdade material, que se refere à distribuição equitativa de recursos e oportunidades".

A Constituição Brasileira de 1988 não recepcionou diversos diplomas legais que em seu bojo detinham discriminações que segregavam o princípio da igualdade e a dignidade humana, principalmente no que pertine aos direitos das mulheres, aqui minudentemente exposto e estudados. O constituinte originário deixou expresso mandamento legal onde os diretos fundamentais passaram a ser normas de eficácia plena, não necessitando de regulamentação para repercutir seus efeitos, incluídos neles a igualdade de gênero. (BRASIL, 2016)

Sendo certo, ainda, que é dever do Estado garantir a efetividade de tais direitos. Assim, na ordem constitucional vigente, diversas leis que contém discriminações positivas das mulheres foram editadas a fim de se promover tal igualdade, coibindo-se a violência doméstica, como no caso da Lei Maria da Penha, ou conferindo tratamento paritário às mulheres e homens nas relações familiares, como o Código Civil de 2002. Certo é, que o movimento feminista, principalmente a partir da década de 1970, foi determinante na conquistadestes direitos, trazendo à sociedade o debate sobre gênero, fundamental para o desenvolvimento legislativo e do imaginário coletivo neste sentido, de que homens e mulheres devem ser iguais, mesmo diante de suas diferenças e peculiaridades. (BRASIL, 2003)

4.2.4 A inefetividade da Igualdade Material a partir da política de cotas

O inadimplemento corriqueiro dos percentuais mínimos e máximos de candidaturas por parte dos partidos políticos, em comunhão com outros aspectos, soma os diversos fatores que contribuem para a sub-representação feminina nos espaços institucionais de poder.

No entendimento de Oliveira e Ribeiro (2020, p. 17):

> A resistência dos partidos políticos em cumprir a legislação eleitoral é, de fato, um obstáculo para o avanço das mulheres na política. Não é raro que a presença feminina na chapa de candidatos seja meramente figurativa e que elas sejam utilizadas como laranjas, apenas para cumprir as cotas estabelecidas por lei, sem possibilidade de efetivamente disputar a eleição. A resistência de muitos partidos políticos em incluir mulheres em seus quadros reflete a dificuldade de incorporação de valores democráticos em suas práticas internas, bem como a manutenção do status quo das estruturas de poder, que tradicionalmente privilegiam os homens.

A decisão emanada no AREspEl nº 060041061, com processo originário de Muquém de São Francisco – BA, em controvérsia judicial de candidaturas femininas fraudulentas, reflete que a judicialização da questão da sub-representatividade feminina não é o melhor caminho:

> A busca de soluções na esfera judicial, entretanto, certamente não se mostra o melhor caminho, quer seja porque sempre decorrerá de ações pontuais – o que naturalmente não corrige, de modo isonômico, a tranquilidade verificada em praticamente todos os municípios brasileiros –, quer por produzir consequências não raras paradoxais e tão negativas quanto a própria fraude que se quer combater, já que alcança indiscriminadamente os candidatos da agremiação, que participaram ou não do ardil, inclusive mulheres que têm sido eleitas, culminando, enfim, por fragilizar o sistema representativo.

O que se percebe, ao comparar os dados estatísticos do TSE de candidaturas femininas nas eleições dos anos de 2014, 2016, 2018 e 2020 que estão dispostos na Figura 5, é, primeiro uma oscilação para menos de 2016 para 2018, mas, um crescimento significativo de 2018 para 2020:

Figura 5 – Candidaturas Femininas nas Eleições

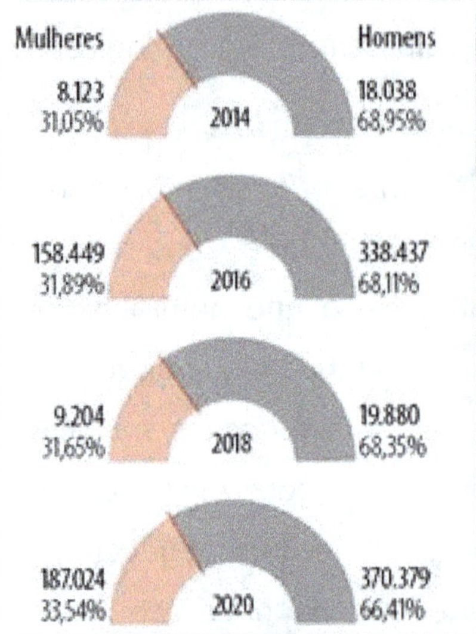

Fonte: Brasil (2022b)

Observando os últimos episódios no Estado do Ceará onde foram declaradas fraude na cota de gênero por um dos partidos, o PL, esses dados podem não representar a realidade. Para que se possa identificar se houve ou não um crescimento, tem-se que comparar com outros dados, para assim se chegar a uma certeza razoável. É o caso de prefeitas eleitas, como é destacado na Figura 6 a seguir:

Figura 6 – Porcentagem de Prefeitas Eleitas nas últimas Eleições Municipais

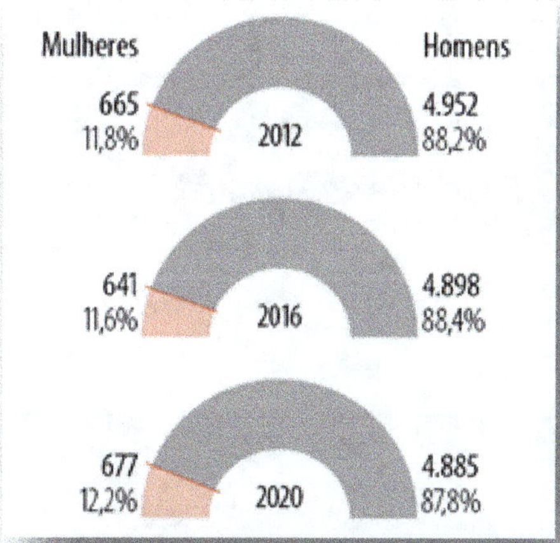

Fonte: Brasil (2022b)

Percebe-se um crescimento lento de 11,8% em 2012 para 12,2% em 2020.

Observando a Tabela 2, é perceptível que as medidas adotadas para diminuir as distorções na participação política de mulheres está longe de ser efetiva.

Tabela 2 - Posição Estatística do Brasil de Participação de Mulheres os Parlamentos Nacionais

Ranking Geral	Ranking Dinâmico	País	% Mulheres
129	129	Bahamas	18,0%
130	130	República Popular Democrática da Coreia	17,6%
131	131	Brasil	17,5%
132	132	Butão	17,4%
132	132	Turquia	17,4%
134	134	Mongólia	17,1%
135	135	Burkina Faso	16,9%
136	136	Comores	16,7%
137	137	tailândia	16,6%

Fonte: Brasil (2022b)

Na realidade estatística do Nordeste os que se vê na Figura 7 é que o número de eleitoras já suplanta o número de eleitores homens. Entretanto quando comparado com as eleitas a proporção é ainda pouco expressiva.

Figura 7 – Número de Eleitoras X Candidatas X Eleitas

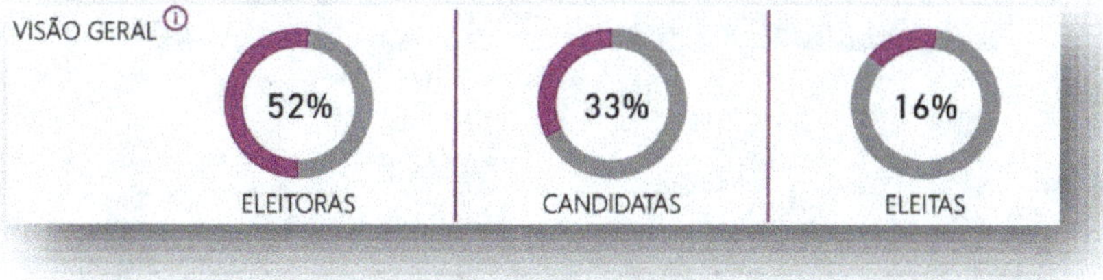

Fonte: Brasil (2022b)

Nota: Os percentuais de eleitoras, candidatas e eleitas dos gráficos de rosca refletem as eleições ordinárias de 2016 a 2022.

A oscilação para mais e para menos ao longo dos pleitos demonstra certa estagnação, principalmente quando se compara os Quadros 1 e 2 de eleitas e reeleitas.

Quadro 1 – Eleitoras X Candidatas

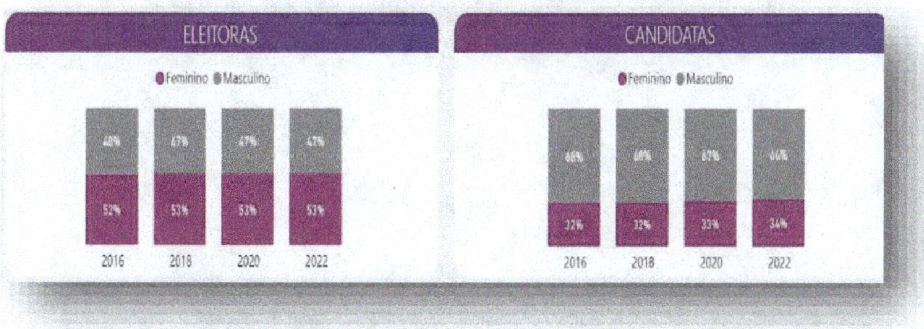

Fonte: Brasil (2022b)

Quadro 2 – Eleitas X Reeleitas

Fonte: Brasil (2022b)

Na eleição de 2022 a diferença entre candidatos homens e mulheres eleitos atinge percentuais baixos. Contudo, três estados se destacam: a Bahia, Pernambuco e o Ceará, nessa ordem, como é possível observar na Tabela 3 abaixo:

Tabela 3 – Candidatas e Eleitas por UF

CANDIDATAS E ELEITAS POR UF

UF [a]	Total Candidaturas [b]	Candidaturas (cor/raça selec.) [c]	Candidatas [d]	%Candidatas [e=d/b]	Total Eleitos [f]	Eleitos (cor/raça selec.) [g]	Eleitas [h]	%Eleitas [i=h/f]
AL	184	184	66	35,9%	9	9	0	0,0%
BA	776	776	253	32,6%	39	39	5	12,8%
CE	414	414	150	36,2%	22	22	3	13,6%
MA	367	367	126	34,3%	18	18	3	16,7%
PB	251	251	89	35,5%	12	12	0	0,0%
PE	474	474	169	35,7%	25	25	3	12,0%
PI	177	177	74	41,8%	10	10	1	10,0%
RN	187	187	72	38,5%	8	8	1	12,5%
SE	169	169	64	37,9%	8	8	2	25,0%
Total	**2.999**	**2.999**	**1.063**	**35,4%**	**151**	**151**	**18**	**11,9%**

Fonte: Brasil (2022b)

As ações afirmativas, dentre elas as que estabelecem as cotas de gênero, com fins a ampliar a participação político-partidária tem se mostrado claramente inefetivas. As razões para tal intercorrência são muitas.

No AREspEl nº 060030617, proveniente Croatá – CE, o Relator Min. Sérgio Silveira Banhos, com Julgamento: 21/02/2022 e Publicação: 22/02/2022, reconheceu:

> A fraude na cota de gênero de candidaturas, infelizmente, ainda ocorre de forma corriqueira no cenário eleitoral, notadamente diante da difícil dificuldade de se localizar mulheres com interesse político, ante o roteiro histórico percorrido, o que reclama enérgica atuação da Justiça Eleitoral na intenção de assegurar a execução do real objetivo do legislador.

O que se tem assistido e isso frauda a política de cotas de gênero, é o lançamento de candidaturas femininas fictícias. Os nomes de mulheres são incluídos em lista com a finalidade única de cumprir o mínimo de 30% e permitir os candidatos que o partido reputa como viáveis para o pleito. Tal ato consiste em fraude que, na maioria das vezes somente é detectada após as eleições.

A detecção é possível porque não se registram votos para aquela candidata e, tampouco, se tem notícia de uma campanha eleitoral e a ausência de gastos, bem como de recursos partidários destinados. Assim se manifestou a Justiça Eleitoral:

> RECURSO ORDINÁRIO. ELEIÇÕES 2018. DEPUTADO ESTADUAL. AÇÃO DE IMPUGNAÇÃO DE MANDATO ELETIVO (AIME). ART. 14, § 10, DA CF/88. FRAUDE À COTA DE GÊNERO. ART. 10, § 3º, DA LEI 9.504/97. CANDIDATURAS FICTÍCIAS. CONFIGURAÇÃO. VOTAÇÃO ÍNFIMA. APOIO A CANDIDATO CONCORRENTE. AUSÊNCIA DE ATOS SIGNIFICATIVOS DE PROPAGANDA. INEXPRESSIVA MOVIMENTAÇÃO DE RECURSOS. PROVIMENTO.1. Recurso ordinário interposto contra aresto do TRE/RR em que se julgaram improcedentes os pedidos formulados em Ação de Impugnação de Mandato Eletivo (AIME) ajuizada em desfavor dos candidatos ao cargo de deputado estadual de Roraima, pelo Partido Verde (PV), nas Eleições

2018, por fraude à cota de gênero (art. 10, § 3º, da Lei 9.504/97).2. Preliminares aduzidas em contrarrazões dos candidatos rejeitadas. O recurso ordinário possui ampla devolutividade e, por esse motivo, não se submete ao requisito do prequestionamento. Não há falar em ofensa ao contraditório e à ampla defesa em virtude de os dirigentes partidários não terem sido ouvidos em juízo, pois caberia aos recorridos indicá-los como testemunhas. 3. De acordo com a jurisprudência desta Corte, a fraude à cota de gênero deve ser aferida caso a caso, a partir das circunstâncias fáticas de cada hipótese, notadamente levando–se em conta aspectos como falta de votos ou votação ínfima, inexistência de atos efetivos de campanha, prestações de contas zeradas ou notoriamente padronizadas entre as candidatas, dentre outras, de modo a transparecer o objetivo de burlar o mínimo de isonomia entre homens e mulheres que o legislador pretendeu assegurar no art. 10, § 3º, da Lei 9.504/97.4. No caso, a somatória dos elementos contidos nos autos permite concluir que o registro de duas candidaturas femininas da legenda teve como único fim burlar a regra do art. 10, § 3º, da Lei

9.504/97: (a) uma delas obteve apenas um voto e a outra, cinco; (b) ambas declararam em juízo que protocolaram o registro apenas para cumprir a cota, sem compromisso com a campanha (uma delas, por exemplo, declarou que "tinha ciência [de] que sua candidatura não era efetiva, pois nunca teve interesse em de fato ser candidata e que só se dispôs a candidatar em razão de promessa de ajuda feita pelo representante do Partido Verde"; c) ausência de quaisquer elementos que denotem a efetiva prática de atos de campanha, tais como militância em redes sociais, participação no horário eleitoral gratuito, mobilização de rua, dentre outros (em juízo, uma das candidatas assentou que "nunca fiz reuniões. Nunca fiz campanha. Nunca pedi voto"); (d) prestação de contas sem movimentação de recursos financeiros; (e) uma delas apoiou candidato opositor no mesmo pleito.5. Recurso ordinário a que se dá provimento para julgar procedentes os pedidos na Ação de Impugnação de Mandato Eletivo (AIME) e, por conseguinte: (a) decretar a nulidade dos votos recebidos pelo Diretório Regional do Partido Verde (PV) em Roraima para o cargo de deputado estadual nas

> Eleições 2018; (b) cassar o respectivo Demonstrativo de Regularidade de Atos Partidários (DRAP) e os diplomas dos candidatos a eles vinculados, com recálculo dos quocientes eleitoral e partidário. (RECURSO ORDINÁRIO ELEITORAL nº 060190953, Acórdão, Relator(a) Min. Benedito Gonçalves, Publicação: DJE - Diário de Justiça Eletrônico, Tomo 192, Data 29/09/2022)

A questão é recorrente e frustra a efetividade da ação afirmativa. Algumas mulheres aceitam apenas figurarem como candidatas, com promessas futuras que não sabem se serão cumpridas. Outras sequer tem conhecimento de suas candidaturas. Ainda se pode verificar nos processos que se formam em razão dos fatos narrados, mulheres que são funcionárias de gabinetes parlamentares que, na velha política da contrapartida, acabam cedendo seus nomes, perpetuando uma velha política de segregacionismo.

É importante o combate sem tréguas desse comportamento, utilizando de medidas judiciais, embora o artigo 10 da Lei nº 9.507/97 não diga de forma clara qual ação deva ser manuseada em caso de identificação de fraude às cotas de gênero. Daí porque se utiliza da ação prevista no artigo 96, § 8º, da referida norma. Por outro lado, a jurisprudência remansosa vai no sentido da utilização da Ação de Impugnação de Mandato Eletivo – Aime, prescrita no artigo 14, § 10, da Constituição Federal. Poderá ser proposta após as eleições e, por ter característica de amplo espectro, abrangerá tal discussão. Todavia, se os indícios surgirem logo antes do pleito, poder-se-á manejar a Ação de Investigação Judicial Eleitora – AIJE.

O TSE exige prova robusta:

> RECURSOS ESPECIAIS. ELEIÇÕES 2016. VEREADORES. PREFEITO. VICE-PREFEITO. AÇÃO DE INVESTIGAÇÃO JUDICIAL ELEITORAL (AIJE). ART. 22 DA LC 64/90. FRAUDE. COTA DE GÊNERO. ART. 10, § 3º, DA LEI 9.504/97. De acordo com a decisão, o TRE/PI considerou fraudulentos 30% dos candidatos masculinos e femininos da coligação Compromisso Com Valença 1 e II candidatos às eleições para vereadores nas eleições de 2016 e impôs as seguintes sanções: Além da suspensão de oito anos, serão cassados os registros de cinco candidatas que cometeram infrações. b)

Cassação de outros candidatos inscritos como beneficiários em ambas as listas. Ambas as partes recorreram. A coalizão autora luta para desqualificar todos os candidatos e estender a derrota recorde aos vencedores eleitorais majoritários, enquanto os candidatos buscam eliminar irregularidades ou preservar os registros daqueles que não concordaram com o ilícito.

PRELIMINAR. LITISCONSÓRCIO PASSIVO NECESSÁRIO. DIRIGENTES PARTIDÁRIOS. SÚMULA 24/TSE. REJEIÇÃO. O TRE/PI assentou inexistir prova de que os presidentes das agremiações tinham conhecimento da irregularidade, nem que consentiram ou agiram direta ou implicitamente para causar a irregularidade, sendo incabível citá-los para integrar a lide como litisconsortes passivos necessários. Concluir de forma diversa esbarra no óbice da Súmula 24/TSE. TEMA DE FUNDO. FRAUDE. COTA DE GÊNERO. ART. o, § 30, DA LEI 9.504/97. ROBUSTEZ. GRAVIDADE. AFRONTA. GARANTIA FUNDAMENTAL. ISONOMIA. HOMENS E MULHERES. ART. 50, 1, DA CF/88.

A fraude na cota de gênero na candidatura é uma afronta à isonomia entre homens e mulheres estabelecida pelo legislador no art. 10 do art. § 3º, da Lei 9.504/97, a partir dos ditames constitucionais relativos à igualdade, ao pluralismo político, cidadania e dignidade humana - e a prova de sua existência deve ser robusta e levar em consideração a totalidade das circunstâncias específicas do caso o que se demonstrou na espécie. A notável semelhança entre os registros das contas de campanha das cinco candidatas (tipo de gasto, valor, data de emissão do projeto de lei e até ordem numérica) fornece pistas sobre a composição das contas. Além dessa situação, existem alguns fatores específicos.

A fraude em duas candidaturas da Coligação Compromisso com Valença 1 e em três da Coligação Compromisso com Valença II revela-se, ademais, da seguinte forma: a) Ivaltânia Nogueira e Maria Eugênia de Souza disputaram o mesmo cargo concorrendo pela mesma coligação, com familiares próximos (esposo e filho), sem nenhuma notícia de animosidade política entre eles, fizeram isso sem nenhum custo de material de propaganda e ambas apoiaram a campanha daqueles sendo que cada uma recebeu apenas um voto. b) Maria Neide da Silva nem foi a eleições e não gastou dinheiro com publicidade. c) Magally da Silva votou, mas ainda não obteve um único voto, e posteriormente registrou suas despesas, inclusive com recursos próprios, apesar de alegar estar doente. d) Georgia Lima, com apenas dois votos, é reincidente e concorre às eleições apenas para cumprir cotas e gozar de afastamento remunerado de cargos públicos. A alteração das hipóteses fáticas feitas pelo TRE/PI requer uma revisão dos fatos e evidências.

(Súmula 24/TSE). CASSAÇÃO. TOTALIDADE DAS CANDIDATURAS DAS DUAS COLIGAÇÕES. LEGISLAÇÃO. DOUTRINA. JURISPRUDÊNCIA. Caracterizada a fraude e, por conseguinte, comprometida a disputa, não se requer, para fim de perda de diploma de todos os candidatos beneficiários que compuseram as coligações, prova inconteste de sua participação ou anuência, aspecto subjetivo que se revela imprescindível apenas para impor a eles inelegibilidade para eleições futuras. Precedentes. Indeferir apenas as candidaturas fraudulentas e as menos votadas (feito o recálculo da cota), preservando-se as que obtiveram maior número de votos, ensejaria inadmissível brecha para o registro de "laranjas", com verdadeiro incentivo a se "correr o risco", por inexistir efeito prático desfavorável. O registro das candidaturas dolosas permitiu maior número de homens na contenda, cuja adição de votos, por sua vez, contabilizou-se para as respectivas alianças, culminando em quociente partidário favorável a elas (art. 107 do Código Eleitoral), que puderam então registrar e eleger mais candidatos. O círculo vicioso não se abduz com a glosa apenas parcial, pois a negativa dos registros após a data do pleito alude o aproveitamento dos votos em favor das legendas (art. 175, §§ 3º e 4º, do Código Eleitoral), evidenciando-se, mais uma vez, o inquestionável benefício embolsado com a fraude. A adoção de critérios diversos acarretaria casuísmo incompatível com o regime democrático. Embora o objetivo prático do art. 10, § 3º, da Lei 9.504/97 seja impulsionar a presença feminina na política, a cota de 30% é de gênero. Manter o registro apenas das candidatas também insultaria a norma, em sentido contrário ao que usualmente ocorre. INELEGIBILIDADE. NATUREZA PERSONALISSIMA. PARCIAL PROVIMENTO. Inelegibilidade constitui sanção altamente pessoal e aplica-se apenas a quem cometeu, participou ou consentiu em um ato ilegal, e não a meros beneficiários. precedente. Embora incabível aplicá-la indistintamente a todos os candidatos, constata-se a anuência de Leonardo Nogueira (filho de Ivaltânia Nogueira) e de Antônio Gomes da Rocha (esposo de Maria Eugênia de Sousa), os quais, repita-se, concorreram a mesma eleição pela mesma coligação, sem notícia de animosidade familiar ou política, e com ambas atuando na candidatura daqueles em detrimento das suas. CASSAÇÃO. DIPLOMAS. PREFEITA E VICE-PREFEITO. AUSÊNCIA. REPERCUSSÃO. SÚMULA 24/TSE. Não se vislumbra de que forma a fraude nas candidaturas proporcionais teria comprometido a higidez do pleito majoritário, direta ou indiretamente, ou mesmo de que seria de responsabilidade dos candidatos aos cargos de prefeito e vice-prefeito. Conclusão diversa esbarra na Súmula 24/TSE. CONCLUSÃO. MANUTENÇÃO. PERDA. REGISTROS. VEREADORES. EXTENSÃO. INELEGIBILIDADE. IMPROCEDÊNCIA. CHAPA MAJORITÁRIA. Recursos especiais dos candidatos ao cargo de vereador pelas coligações Compromisso com Valença 1 e II desprovidos, mantendo-se extinguidos os seus registros, e recurso da Coligação Nossa União e com o Povo parcialmente provido para atribuir inelegibilidade a Leonardo Nogueira e Antônio Gomes da Rocha, subsistindo a improcedência quanto aos vitoriosos do pleito majoritário, revogando-se a liminar e executando-se o acórdão logo após a divulgação (precedentes).

RECURSO. ELEIÇÕES 2020. AÇÃO DE INVESTIGAÇÃO JUDICIAL ELEITORAL. AIJE. IMPROCEDENTE. TEMPESTIVIDADE DO APELO. COTAS DE GÊNERO. CANDIDATURA FEMININA FICTÍCIA. NÃO COMPROVADA. EXIGÊNCIA DE PROVA ROBUSTA DA FRAUDE ELEITORAL. PRÁTICA DE ATOS DE

CAMPANHA. A INEFICIÊNCIA ELEITORAL NÃO DENOTA ARTIFICIALIDADE DA CANDIDATURA. DESPROVIMENTO.

1. Recurso contra sentença que julgou improcedente Ação de Investigação Judicial Eleitoral (AIJE), por entender não caracterizadas as imputações de fraude no preenchimento das candidaturas de cada sexo em relação à nominata para as eleições proporcionais municipais de 2020, em violação ao art. 10, § 3º, da Lei n. 9.504/97.

2. Matéria preliminar superada. Tempestividade do apelo. Observado o tríduo legal previsto no art. 258 do Código Eleitoral.
3. Alegada ocorrência de fraude em relação à nominata de candidaturas da agremiação à Câmara de Vereadores local, no tocante ao cumprimento da cota mínima de 30% por gênero. Suposto lançamento de candidatura fictícia apenas para preencher o mínimo legal exigido pelo art. 10, § 3º, da Lei n. 9.504/97.
4. O conteúdo teleológico da referida norma é estabelecer um equilíbrio mínimo entre o número de candidaturas masculinas e femininas. Trata-se

da implementação de ação afirmativa com o fim claro de fomentar a participação política das mulheres. Firme o posicionamento do TSE no sentido de que a norma é cogente e obrigatória. A fraude ao desiderato legal estaria configurada diante da indiferença da agremiação e da própria concorrente quanto ao destino de sua candidatura, cujos efeitos, no contexto do pleito, estariam restritos à burla à lei, exaurindo-se a partir do deferimento do DRAP pelo julgador do registro de candidaturas.

5. Na hipótese, demonstrado pelo acervo probatório que a candidata verdadeiramente buscou votos, ainda que de forma incipiente e não exitosa, não servindo seu registro exclusivamente como simulacro de candidatura. Prática de atos de campanha, inclusive comprovada pelos próprios recorrentes, os quais trouxeram diversos prints de propagandas veiculadas pela candidata nas redes sociais (*Facebook*), nos quais apresenta programas que pretendia realizar caso fosse eleita, bem como seus "santinhos", pedindo expressamente voto para o cargo de vereadora. O fato de a candidata haver obtido apenas um

voto não denota a artificialidade da candidatura, diante das peculiaridades do caso concreto. A ineficiência eleitoral relatada não é destoante da incipiente carreira política da candidata.
6. A jurisprudência deste Regional é consolidada no sentido de que circunstâncias como as candidatas alcançarem pequena quantidade de votos, não realizarem propaganda eleitoral, ou, ainda, oferecerem renúncia no curso das campanhas, por si sós, não são suficientes para caracterizar burla ou fraude à norma, sob pena de restringir-se o exercício de direitos políticos com base em mera presunção. Para o severo juízo de cassação da votação de todo o partido em um determinado município, é necessária prova robusta e inconteste da prática da fraude eleitoral, sob pena de afronta ao princípio *in dubio pro suffragium.*
7. Provimento negado. (Recurso Eleitoral n 060031773, ACÓRDÃO de 09/12/2021, Relator AMADEO HENRIQUE RAMELLA BUTTELLI, Publicação: PJE - Processo Judicial Eletrônico-PJE)

A judicialização da questão ressalta a inefetividade da política pública. Importante mencionar a ADI nº 5617:

> EMENTA: AÇÃO DIRETA DE INCONSTITUCIONALIDADE. DIREITO CONSTITUCIONAL E ELEITORAL. ART. 9º DA LEI 13.165/2015. FIXAÇÃO DE PISO (5%) E DE TETO (15%) DO MONTANTE DO FUNDO PARTIDÁRIO DESTINADO AO FINANCIMENTO DAS CAMPANHAS ELEITORAIS PARA A APLICAÇÃO NAS CAMPANHAS DE CANDIDATAS. PRELIMINAR DE IMPOSSIBILIDADE JURÍDICA DO PEDIDO. REJEIÇÃO. INCONSTITUCIONALIDADE. OFENSA À IGUALDADE E À NÃO-DISCRIMINAÇÃO. PROCEDÊNCIA DA AÇÃO. 1. O Supremo Tribunal Federal, ao examinar as alegações de inconstitucionalidade de norma, deve fixar a interpretação que constitucionalmente a densifique, a fim de fazer incidir o conteúdo normativo cuja efetividade independe de ato do Poder Legislativo. Precedentes. 2. O princípio da igualdade material é prestigiado por ações afirmativas. No entanto, utilizar, para qualquer outro fim, a diferença

estabelecida com o objetivo de superar a discriminação ofende o mesmo princípio da igualdade, que veda tratamento discriminatório fundado em circunstâncias que estão fora do controle das pessoas, como a raça, o sexo, a cor da pele ou qualquer outra diferenciação arbitrariamente considerada. Precedente do CEDAW. 3. A autonomia partidária não consagra regra que exima o partido do respeito incondicional aos direitos fundamentais, pois é precisamente na artificiosa segmentação entre o público e o privado que reside a principal forma de discriminação das mulheres. 4. Ação direta julgada procedente para: (i) declarar a inconstitucionalidade da expressão "três " contida no art. 9º da Lei 13.165/2015; (ii) dar interpretação conforme à Constituição ao art. 9º da Lei 13.165/2015 de modo a (a) equiparar o patamar legal mínimo de candidaturas femininas (hoje o do art. 10, § 3º, da Lei 9.504/1997, isto é, ao menos 30% de cidadãs), ao mínimo de recursos do Fundo Partidário a lhes serem destinados, que deve ser interpretado como também de 30% do montante do fundo alocado a cada partido, para eleições majoritárias e proporcionais, e (b) fixar

> que, havendo percentual mais elevado de candidaturas femininas, o mínimo de recursos globais do partido destinados a campanhas lhes seja alocado na mesma proporção; (iii) declarar a inconstitucionalidade, por arrastamento, do § 5º-A e do § 7º do art. 44 da Lei 9.096/95.

A ADI nº 5617, de Relatoria do Ministro Edson Fachin, inaugurou uma nova fase para o financiamento de campanhas femininas. A discussão gira em torno da adequação, proporcionalidade e razoabilidade do discernimento sobre o artigo 9º da Lei n.º 13.165/2015. A discussão trouxe à baila a questão das intervenções de políticas afirmativas no âmbito das agremiações como forma de realização da democracia representativa. O Ministro Marco Aurélio acompanhado na divergência pelo Ministro Gilmar Mendes entendeu que seria atuar como legislador na substituição dos percentuais mínimo e máximo, previstas na norma guerreada, pela de 30%. A decisão buscou compatibilizar partes da lei com os ditames constitucionais.

Da análise, surge o entendimento de que não é à toa a prevalência masculina nos ambientes públicos de poder, mas, ao contrário, fato de propósito replicado, especialmente no país, que, sob esse prisma, mais uma vez demonstra seu conservadorismo. Portanto, não é difícil deduzir o porquê do arrastado desenvolvimento legislativo do assunto, também não da edição de leis categoricamente retrógradas. Nesse aspecto, o Judiciário exerce função capital como garantidor e mantenedor das aquisições arduamente contraídas.

Após a ADI nº 5617 o TRE PI julgou o AIJE nº 193-92.2016.6.18.0018, RE nº 5- 86.2017.6.18.0011, o RE nº 0602010-31.2018.6.18.0000, e o AIJE nº 5-59.2017.6.18.0020 que merecem destaque. O TRE RN julgou o RE nº 3-77.2017.6.20.0006. O TRE SE julgou o AIME nº 169. As cotas de candidatura de gênero, segundo dispõe o art. 10, § 3º da Lei n.º 9.504, muitas vezes citada, representam 30%, no mínimo, das candidaturas a serem lançadas por cada partido ou coligação.

Desenvolvem um papel importante, na medida em que permitem a um grupo sub-representado a participação política. Relembre-se o financiamento das candidaturas femininas de 5% a 15% do Fundo Partidário, o que foi permitido pelo art. 9º da Lei n.º 13.165. As fraudes às cotas de gênero e à reserva do Fundo Partidário são recorrentes. As fraudes nas cotas de gênero são, também, um reflexo de uma questão cultural.

Mas porque as mulheres representam a maioria da política informal, mas são minoria na política formal é uma pergunta que precisa ser respondida. Uma pesquisa feita pelo Senado nos anos de 2014 e 2016, identificou como causa a ausência de apoio dos partidos políticos (41%), seguida pela falta de interesse pela política (23%) e a dificuldade na concorrência com os homens (19%).

A pesquisa Data Senado de 2022, indicada na Figura 8, revela que 53% das mulheres se candidatou por iniciativa própria:

Figura 8 – Iniciativa Própria X Incentivo do Partido

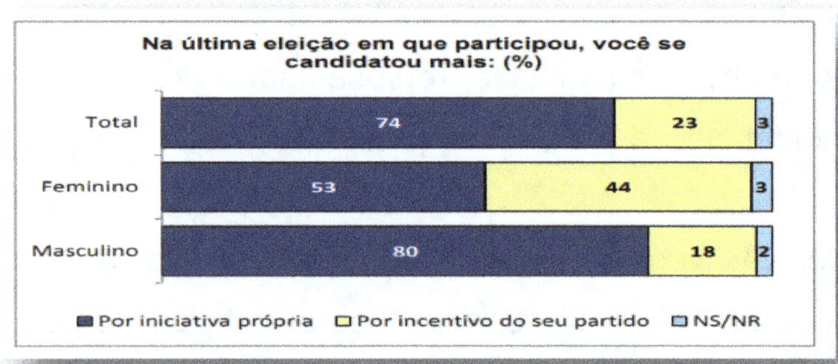

Fonte: DataSenado (2022)

Em relação ao ambiente político favorecer mais homens do que mulheres, 73% do público feminino opinou que favorece mais aos homens:

Figura 9 – Favorecimento do Ambiente Político

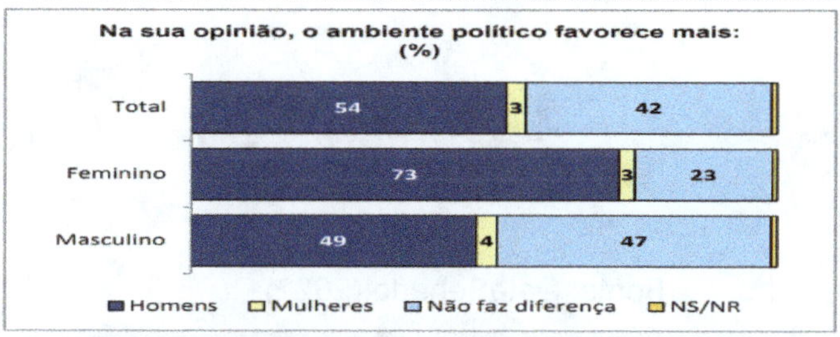

Fonte: DataSenado (2022)

O dado alarmante foi que 1/3 das mulheres, reconheceu que já sofreu com preconceito na política, conforme os dados da Figura 10:

Figura 10 – Ambiente Político Discriminatório

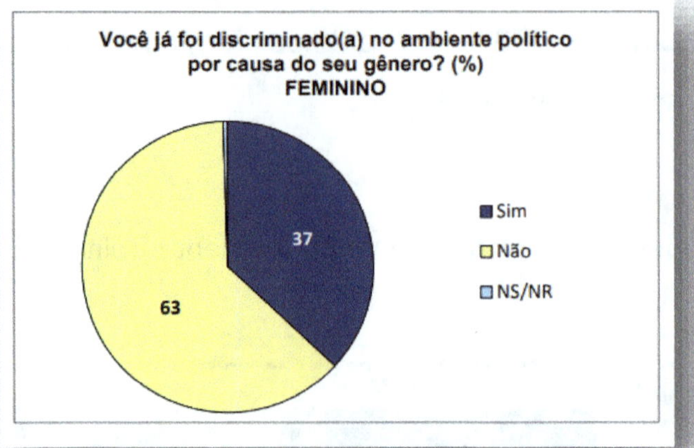

Fonte: DataSenado (2022)

Quando investigado sobre as ações a fim de promover a igualdade, 91% apontaram o investimento em novas lideranças femininas e 81% destacou uma maior participação de mulheres nos cargos diretivos do partido:

Figura 11 – Medidas

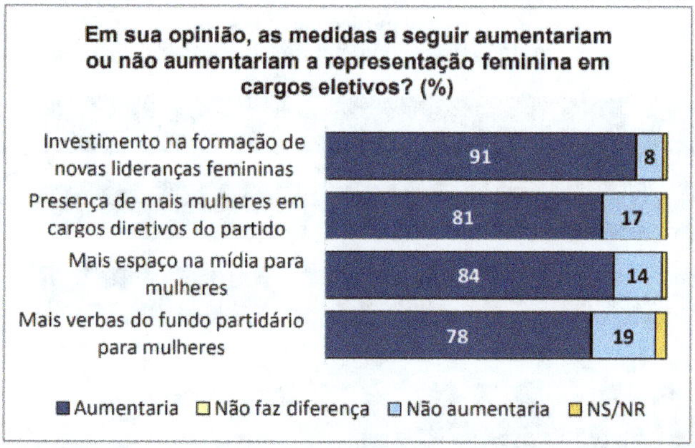

Fonte: DataSenado (2022)

Em 2022 o Instituto Data Senado, ao realizar a segunda edição da pesquisa Mulheres na Política, revelou que três a cada dez mulheres são discriminadas em função do seu gênero, com resultado semelhante ao obtido em 2016. A Figura 12 apresenta dados de quando as mulheres foram inquiridas sobre qual motivo não pretenderiam se candidatar novamente, 42% das mulheres respondeu que a razão era a falta de apoio dos partidos políticos:

Figura 12 – Motivos para não se Candidatar Novamente

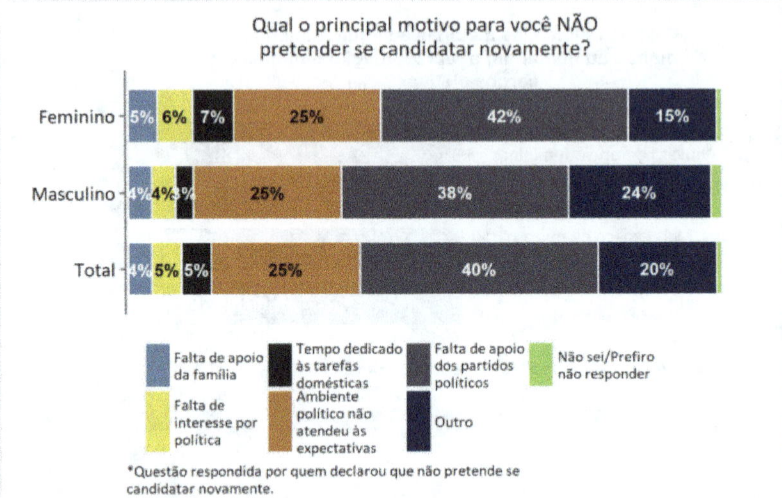

DataSenado (2022)

Vejamos agora a Figura 13 com dados que apontam que o ambiente político favorece mais aos homens:

Figura 13 – Ambiente Político

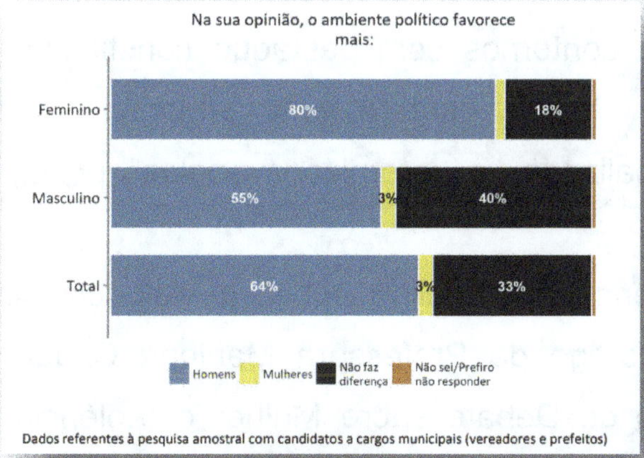

DataSenado (2022)

O Nordeste brasileiro como se diz várias vezes, possui todo um machismo arraigado no patriarcalismo, evidenciados na cultura, na religião e, como não poderia deixar de ser, na política. Mas se o Nordeste lembra Lampião, também recorda Maria Bonita. No aspecto cultural as letras de forró refletem nas letras iniciais de Luiz Gonzaga a cintura fina com o pilão do trabalho na cozinha. Romper os elementos culturais é, apenas, um dos grandes desafios.

A Identidade nordestina estruturou-se a partir da imagem de um Nordeste rude, áspero e violento, internalizando diametralmente às características da terra, a predominância de um homem hostil, árido e seco. A violência deu forma e contornos com destaque constituinte da sua subjetividade, tecida perante uma situação sociopolítica peculiar, abalizada e eternizada pelos princípios do patriarcado.

Referência na análise sobre a violência contra as mulheres o artigo da Professora Marilena Chauí, titulado "Participando do Debate sobre Mulher e Violência". Chauí (1985) contextualiza a violência contra as mulheres como decorrência de um sistema de ideias de ascendência masculina, produzida e reproduzida por homens e mulheres. Define a agressão quanto uma ação que decompõe altercações em dessemelhanças hierárquicas com o fito de dominar, abusar e acanhar. Na ação violenta aventa o ser domado como objeto em detrimento do sujeito, emudecido e tornado condicionado e apático. Assim, o dominado perde sua liberdade, percebida como aptidão de autodeterminação para refletir, almejar, sentir e operar.

Afora os assuntos que envolvem a ausência de apoio dos partidos políticos brasileiros e as consequências da "inclusão tardia", diferentes fatores atrapalham a participação política feminina. Sobreleva a estes a questão de gênero.

As dessemelhanças impingidas pelas relações de gênero se copiam e acham campo propício em instituições sociais como a família, as igrejas e, até os partidos políticos. Nesses espaços, as disparidades entre homens e mulheres são, com facilidade, naturalizadas e relevadas utilizando-se do preconceito da existência de diferenças biológicas.

Afirma Rodrigo da Cunha Pereira (2022) que o mundo, atualmente, tem como principal clamor a busca pela igualdade. A luta é pela equidade entre homens e mulheres, respeitando suas diferenças e garantindo que tenham os mesmos direitos. Além disso, também se busca a igualdade entre as raças, eliminando o racismo e promovendo a inclusão dos estrangeiros. As classes sociais também entram nessa equação, com a busca por uma sociedade mais justa e com oportunidades iguais para todos.

Esse ideal não é novo, a Carta da ONU de 1948 já declarava a igualdade de direitos entre homens e mulheres, mas ainda há um longo caminho a ser percorrido. Um marco importante na luta pela igualdade de gênero foi a realização da Conferência Mundial de Mulheres, na China, em 1998, depois de muitos anos de preparação em todo o mundo. Esse evento foi fundamental para a criação de políticas públicas voltadas para a promoção da igualdade de gênero e para a conscientização sobre os direitos das mulheres.

Durante a Conferência Mundial de Mulheres, mulheres de diferentes culturas e lugares do mundo se reuniram para discutir as violações de seus direitos e a discriminação de gênero. Foi evidenciado que, independente da classe social, as mulheres enfrentam obstáculos na ascensão profissional, com menor número de cargos de liderança e salários inferiores aos homens. Além disso, muitas vezes, são submetidas a uma relação de dependência econômica.

Para diminuir essas injustiças e violências, foram reivindicadas mudanças legislativas, que garantam a equidade de gênero em todos os aspectos da vida social, política e econômica. No entanto, também foi constatado que, em países onde já existem avanços legislativos em proteção à mulher, muitas vezes falta a implementação institucional por parte do Estado, o que fragiliza a força normativa das leis que buscam reparar as desigualdades.

Constata-se, portanto, que a busca pela igualdade de gênero não pode ser resolvida apenas através de leis que anunciem essa igualdade. É importante reconhecer que a igualdade de direitos entre homens e mulheres é estabelecida na lei maior do Brasil, por exemplo, mas ainda não há uma concretização efetiva dessa igualdade na prática. Existe uma distância entre o que está previsto na lei e o que de fato acontece na realidade.

Isso mostra que a questão da igualdade de gênero não se limita à estipulação de regras jurídicas no campo normativo. É preciso ir além da legislação e adotar medidas concretas para promover a equidade de gênero em todas as áreas da vida. É necessário educar a sociedade sobre a importância da igualdade de gênero, combater preconceitos e estereótipos de gênero, bem como garantir que as leis sejam implementadas e cumpridas. Somente assim poderemos avançar na luta pela igualdade de direitos entre homens e mulheres.

É fundamental educar a sociedade sobre a importância da igualdade de gênero, combater preconceitos e estereótipos de gênero e, principalmente, garantir a implementação e o cumprimento das leis. Somente assim poderemos avançar na luta pela igualdade de direitos entre homens e mulheres e promover a inclusão das mulheres em todos os espaços de poder e decisão. A mudança cultural é um processo lento, mas necessário e urgente, e deve ser acompanhada de ações concretas para promover a igualdade de gênero em todas as esferas da vida. (SANTOS et al., 2021, p.131)

Na verdade, a exclusão das mulheres na sociedade é resultado da própria cultura em que vivemos, que está fundamentada em valores patriarcais. Mesmo que existam leis que proclamem a igualdade entre homens e mulheres, ainda há uma desigualdade entre os gêneros que persiste. A mulher ainda é vista como um objeto de igualdade, enquanto o homem é considerado o sujeito e o modelo deste suposto sistema de igualdade. Isso, por si só, já é um paradoxo que o Direito ainda não conseguiu responder.

Qualquer tentativa de normatizar esta igualdade terá como ponto de partida um discurso masculino. Essa situação é resultado de uma cultura patriarcal que reforça estereótipos de gênero e desvaloriza o papel das mulheres na sociedade.

É necessário, portanto, questionar e desconstruir esses valores e promover uma mudança cultural que reconheça a paridade de gênero como um valor fundamental. Isso requer um esforço coletivo que envolva tanto as instituições como a sociedade em geral, para que seja possível alcançar a verdadeira igualdade entre homens e mulheres.

Todas as culturas possuem um tipo de predador natural que simboliza os aspectos mais perversos de uma sociedade. Esse predador se instala nas mentes e atitudes dos membros da sociedade, impondo a ideia de que o sistema de valores que diferencia homens e mulheres e coloca-as em situação de desigualdade é o único sistema possível. Esse predador é o patriarcalismo, que influencia a construção social do direito e da política, estabelecendo duas situações: uma visível, que é a igualdade perante a lei, e outra invisível, que é a desigualdade real.

A cultura patriarcal impõe o reconhecimento de um conjunto de valores, crenças e atitudes que fazem com que um determinado grupo humano, os homens, se considerem superiores aos demais, especialmente às mulheres. Esse pensamento é tão enraizado na sociedade que muitas vezes passa despercebido, sendo considerado como algo natural e inquestionável. Isso gera uma série de consequências negativas, como a submissão das mulheres e a limitação de suas oportunidades e realizações pessoais e profissionais.

É imperativo, portanto, questionar e desconstruir esses valores e crenças patriarcais para promover a verdadeira igualdade entre homens e mulheres. Isso requer um esforço coletivo que envolva tanto as instituições como a sociedade em geral, para que seja possível alcançar uma sociedade mais justa e igualitária.

O patriarcalismo é uma estrutura social que coloca o homem como um ser humano superior em relação às mulheres, com base em valores, crenças e atitudes que justificam essa hierarquia. Essa estrutura é responsável por criar mecanismos de exclusão que impedem que mulheres e outros grupos marginalizados participem plenamente da cultura, economia e política da sociedade em que vivem.

Segundo Ribeiro e Vieira (2018, p. 125),

> O patriarcalismo é um sistema de organização social que confere superioridade aos homens em relação às mulheres, impondo-lhes uma série de restrições e normas que limitam suas possibilidades de atuação na cultura, economia e política. Essa estrutura excludente impede que as mulheres participem plenamente da sociedade, afetando diretamente seu acesso aos direitos e sua qualidade de vida.

Por sua vez, Moraes e Falcão (2021, p. 125), opinam que:

> O patriarcalismo é uma estrutura social que organiza as relações de gênero na qual o homem é o referencial de superioridade em relação à mulher, pautando-se em valores, crenças e atitudes que justificam essa hierarquia. Isso é responsável por criar mecanismos de exclusão que impedem que mulheres e outros grupos marginalizados participem plenamente da cultura, economia e política da sociedade em que vivem.

O homem é visto como mais forte, inteligente, esperto, sábio, corajoso, responsável, criativo e racional do que a mulher, o que justifica a posição de superioridade masculina em relação às mulheres na sociedade. Essa relação de hierarquia é presente não apenas em âmbito público, mas também dentro das relações familiares, com o marido sendo visto como superior à esposa dentro do lar.

É por isso que Luiz Carlos Amorim Robortella (2017) afirma que, ao longo da história, a contribuição das mulheres foi frequentemente desvalorizada, resultado de uma mentalidade patriarcal presente em muitas sociedades. Essa mentalidade é exemplificada por uma citação de Xenofonte, na qual a mulher é vista como criada pelos deuses para funções domésticas, enquanto o homem é considerado adequado para todas as outras tarefas. Essa visão tradicional também inclui a imagem da mulher como um ser inferior e frágil, necessitando da proteção do homem e do Estado. Essas crenças antigas continuam a afetar a percepção e o tratamento das mulheres em muitas sociedades atualmente.

As palavras de Rousseau (2005) retratam bem essa situação, ao afirmar, que, no século XVIII, havia uma visão patriarcal da organização familiar, em que o pai era o líder e detentor da autoridade, enquanto a mãe era submissa e não possui poder de decisão. Segundo ele, a mulher é mais suscetível a indisposições e interrupções, o que a desqualifica para assumir posições de destaque na família. Além disso, o marido deve controlar a conduta da esposa para garantir que os filhos sejam reconhecidos e nutridos somente por ele, enquanto a mulher não tem esse mesmo direito sobre o marido. Essa visão da mulher como inferior e submissa ao homem é um reflexo do patriarcalismo presente na sociedade da época, em que a mulher era desvalorizada e relegada a um papel secundário na família e na sociedade em geral.

A professora Alice Monteiro de Barros (2017) destaca que: alguns comportamentos atuais refletem uma estrutura cultural profundamente enraizada em estereótipos sexistas que limitam o papel da mulher a ser apenas uma mãe e dona de casa, enquanto fortalecem o mito da fragilidade feminina e o preconceito masculino em relação às atividades domésticas e familiares. É importante destacar que o gênero não pode ser usado como critério para a divisão de tarefas na família, no trabalho ou na sociedade, pois isso impedirá o alcance da igualdade almejada.

A história revela que a sociedade atribuiu à mulher a qualidade de ser "frágil" e, consequentemente, incapaz de realizar certas atividades desempenhadas pelos homens. Essa mentalidade patriarcal desvalorizava o trabalho feminino, mesmo que fosse essencial para a comunidade. No entanto, a Revolução Industrial foi um marco importante para a mudança desse cenário, uma vez que novos fatores foram introduzidos e afetaram a força de trabalho de ambos os sexos.

Com a inovação dos instrumentos, a mulher passou a ter acesso a novas formas de trabalho, que não exigiam apenas força física, o que possibilitou a sua participação em atividades que antes eram restritas aos homens. Isso significou um avanço na luta pela igualdade de gênero e a quebra de estereótipos sexistas que marginalizavam a mulher.

Ao longo da história, a mulher foi colocada em um lugar secundário pelo Direito, sendo vista como subordinada ao homem e com poucos direitos legais. Esse paradoxo reflete uma sociedade sexista e discriminatória, que negava a voz e autonomia das mulheres. Elas eram tratadas como incapazes juridicamente, subordinadas aos seus maridos ou pais.

Essa situação era reforçada pela divisão social, sexual e racial do trabalho, que colocava a mulher em uma posição inferior em relação aos homens. Como resultado, a mulher enfrentava preconceitos em diversos aspectos de sua vida, o que dificultava a luta por igualdade de direitos e pela superação das desigualdades de gênero.

A necessidade de pôr fim à desigualdade de gênero entre homens e mulheres é proposta hoje em dia como uma resposta ao contexto histórico de subordinação feminina. No entanto, é importante ressaltar que apenas defender o princípio da igualdade formal não é suficiente para alcançar a igualdade substancial. Na verdade, há uma grande diferença entre igualdade formal e substancial.

A igualdade formal é limitada aos termos legais que estabelecem a igualdade de direitos entre homens e mulheres, mas não garante que as oportunidades e condições de vida sejam as mesmas para ambos os gêneros. A igualdade substancial, por sua vez, requer uma transformação cultural que reconheça e combata as desigualdades históricas, a discriminação e o preconceito de gênero presentes na sociedade.

Gomes (2001, p, 62) observa que o conceito de igualdade material ou substancial recomenda

> [...] que se levem na devida conta as desigualdades concretas existentes na sociedade, devendo as situações ser tratadas de maneira dessemelhante, evitando-se assim o aprofundamento e a perpetuação de desigualdades engendradas pela própria sociedade. Produto do Estado Social de Direito, a igualdade substancial ou material propugna redobrada atenção por parte dos aplicadores da norma jurídica à variedade das situações individuais, de modo a impedir que o dogma liberal da igualdade formal impeça ou dificulte a proteção e a defesa dos interesses das pessoas socialmente fragilizadas ou desfavorecidas.

É importante reconhecer que a desigualdade não é universal e homogênea, mas dinâmica e contínua, afetando diferentes grupos de mulheres de maneiras distintas. Não se pode ignorar o fato de que a desigualdade é uma categoria quantitativa, ou seja, nem todas as mulheres sofrem a mesma desigualdade, pois certos grupos são mais oprimidos do que outros. Assim, é necessário considerar as diversas dimensões sociais que afetam esses grupos e trabalhar para reduzir as desigualdades existentes entre as mulheres. A igualdade formal não é suficiente, é preciso buscar a efetiva igualdade no mundo substancial.

A desigualdade de gênero é um fenômeno que se estende por diversas áreas da vida das mulheres, tais como as divisões sociais, sexuais e ligadas ao trabalho. Além disso, esse problema afeta de maneira diferente os diversos grupos de mulheres, sendo mais acentuado para aquelas que ocupam uma posição inferior na hierarquia social.

Segundo Sposito e Bacellar (2020, p. 58),

> A desigualdade de gênero é um fenômeno multifacetado que se expressa em diversas dimensões da vida das mulheres, como nas divisões sociais, sexuais e ligadas ao trabalho. Além disso, afeta de maneira diferenciada os diversos grupos de mulheres, sendo mais acentuado para aquelas que ocupam uma

posição inferior na hierarquia social, como as mulheres negras, indígenas, pobres, entre outras.

Para combater a situação de desigualdade de gênero descrita anteriormente, diversos movimentos feministas surgiram, buscando reivindicar direitos de cidadania e o reconhecimento da mulher como sujeito ativo na sociedade. No entanto, para alcançar essa posição, a mulher foi frequentemente confinada a papéis restritos de reprodução e participação na produção privada, apenas sendo reconhecida como parte integrante da economia global quando passou a se aliar aos interesses do homem e houve uma revisão da divisão sexual do trabalho.

No sistema capitalista em desenvolvimento, a mulher passou a ser vista como uma força produtiva e, consequentemente, uma mão de obra barata. Com o surgimento dos movimentos feministas, o papel exclusivo do homem como essencial para a sociedade foi questionado. Ao contrário da mulher, a identidade masculina é tradicionalmente definida por coisas que deve evitar, como ser feminino, homossexual, dócil, dependente ou submisso, ter relações íntimas com outros homens.

A construção da identidade masculina sempre foi baseada na diferenciação em relação às mulheres, com a virilidade sendo valorizada acima de tudo. Esse sistema patriarcal precisa ser transformado para que as mulheres possam alcançar sua subjetividade e cidadania reais, com o reconhecimento efetivo de que são sujeitos de direitos e têm autoridade tanto jurídica quanto política.

Marta Suplicy (*apud* MIGUEL, 2000), representante brasileira na IV Conferência Mundial da Mulher, destaca a importância da capacitação e autonomia da mulher para o sucesso de um governo e administração responsáveis, além do desenvolvimento sustentável em todas as áreas da vida. Ela enfatiza que as relações de poder que impedem a realização plena das mulheres funcionam em muitos níveis da sociedade, desde o pessoal ao público. A conquista da igualdade de participação de homens e mulheres na tomada de decisões é um requisito prévio para o bom funcionamento da democracia e um equilíbrio refletido na composição da sociedade. Marta Suplicy acredita que a igualdade na adoção de decisões é uma exigência básica de justiça e democracia e uma condição necessária para levar em conta os interesses das mulheres na formulação de políticas governamentais. (MIGUEL, 2000)

É imprescindível destacar que é muito importante a participação ativa das mulheres em todos os níveis do processo de tomada de decisões para alcançar objetivos de igualdade, desenvolvimento e paz. A Plataforma de Ação Mundial, aprovada em Beijing por 189 países, enfatiza a necessidade de incorporar o ponto de vista da mulher em todos os aspectos da vida cidadã, incluindo desde a ordem conjugal até o debate político. Reconhecer o papel da mulher na sociedade é fundamental para o desenvolvimento da cidadania, garantindo a subsistência própria e familiar, além da aquisição de bens materiais e imateriais necessários para uma vida digna.

No REspEl nº 060163828, em decisão monocrática de processo oriundo de Natal – RN, da Relatoria do Mín. Mauro Campbell Marques, Julgamento: 10/11/2020 e Publicação: 12/11/2020, esclareceu que sem uma quota mínima de gênero, não se terá a igualdade plena:

> O art. 44 da Lei nº 9.096/1995 – LPP, que disciplina a utilização pelos partidos políticos do Fundo Partidário, estatui em seu inciso V regra de aplicação compulsória de, no mínimo, 5% (cinco por cento) do total de recursos recebidos dessa fonte na criação e manutenção de programas de

> promoção e difusão da participação política das mulheres. Cuida–se de norma inserida na legislação de regência que – em conjunto com outras, como o art. 10, § 3º, da Lei 9.504/97, estabelece cota mínima de gênero – que tem por escopo incentivar a presença feminina na política, o que "constitui necessária, legítima e urgente ação afirmativa que visa promover e integrar as mulheres na vida político–partidária brasileira, de modo a garantir–se observância, sincera e plena, não apenas retórica ou formal, ao princípio da igualdade de gênero (art. 5º, *caput* e I, da CF/88). (TSE, RP 282–73/DF, rel. Min. Herman Benjamin, DJe, 02/08/2017).

O processo de alcançar a igualdade de gênero nas sociedades atuais requer uma intervenção tanto nas estruturas sociais quanto nas formas jurídicas e políticas de atuação. As mulheres precisam ser reconhecidas como legítimas detentoras de direitos e terem sua racionalidade e autoridade restituídas para que possam exercer plenamente seus papéis na sociedade.

A igualdade formal, que no passado foi utilizada para mascarar a exclusão das mulheres da cidadania, não é suficiente na atualidade. É preciso alcançar a igualdade material, garantindo efetivamente a igualdade de oportunidades entre mulheres e homens através de políticas que vão além da mera enunciação do princípio da igualdade perante as leis.

O órgão máximo do Poder Judiciário brasileiro, cujo acesso se faz por meios notadamente "políticos", recebeu a sua primeira mulher apenas em 14.12.2000, com a posse da Ministra Ellen Gracie Northfleet, verifica-se que a base da magistratura, cujo acesso se dá por meio de concurso público de provas e títulos, possui uma crescente e significativa participação das mulheres, não sendo raro o número de mulheres aprovadas nesse certame ser superior ao dos homens. Os autores destacam a importância de proteger o mercado de trabalho das mulheres, ressaltando que, no passado, o sistema capitalista não oferecia proteção à saúde e à dignidade das mulheres.

As palavras de Russomano, citadas por Souto Maior (2017), sobre a atitude praticada pelos detentores dos meios de produção no início do sistema capitalista que surgiu após a Revolução Industrial. Segundo os autores citados, a mulher foi considerada uma trabalhadora de categoria secundária devido à sua debilidade física e, por isso, mal remunerada. Como resultado, muitas mulheres se viam obrigadas a trabalhar além de suas forças para ganhar mais dinheiro, o que colocava em risco a sua integridade física e saúde em geral. O autor afirma que não é possível concordar com a ideia de que a proteção à mulher não se justifica mais e deve ser reduzida apenas à gravidez e à maternidade, já que ainda existem situações graves de discriminação contra as mulheres que não estão relacionadas ao seu estado de gravidez. Essas situações podem restringir as possibilidades de contratação ou até mesmo o sucesso profissional da trabalhadora, "pois, infelizmente, ainda há situações graves das quais as mulheres, pessoalmente, são vítimas de discriminações, que não decorrem, simplesmente, de seu eventual estado de gravidez." (SOUTO MAIOR, 2017, p. 15)

Denise Pasello Valente Novais (2004) destaca a importância da promoção da igualdade de gênero e do tratamento jurídico especial dado à mulher, com o objetivo de conceder a plena cidadania feminina e colocar fim aos privilégios históricos dos homens. Para isso, é necessário buscar a democracia paritária, que represente de forma igualitária homens e mulheres na política e em todas as instituições públicas e privadas, acabando com a cultura patriarcal que ainda se presente em muitas esferas.

O objetivo é criar um pacto político e social em que todos os sujeitos tenham igualdade de voz e autoridade para decidir sobre diferentes aspectos da vida. Como destaca a autora, a promoção da igualdade de gênero não se resume apenas à proteção à gravidez e maternidade, mas deve ser ampla e efetiva para compensar a discriminação histórica sofrida pelas mulheres.

É essencial que se promova a participação paritária das mulheres na vida social, política e laboral. Isso porque, caso contrário, as decisões adotadas podem ser prejudiciais às mulheres, o que acarretaria um retrocesso em relação à luta pela igualdade de gênero, travada pelos movimentos feministas.

Para que as mulheres possam ter uma participação igualitária em todos os âmbitos, é necessário que haja um profundo debate político sobre as instituições que socializam os indivíduos, a fim de que sejam despojados dos estereótipos masculinos e femininos. Além disso, é preciso aprofundar o desenvolvimento do princípio da igualdade de oportunidades, de forma a distribuir corretamente os bens materiais e imateriais necessários para uma vida digna.

Também é importante que se faça uma reflexão sobre os méritos, regras e procedimentos que determinam a seleção de pessoas para funções de direção e liderança, a fim de que haja uma participação mais equilibrada de homens e mulheres nesses cargos. Somente assim, será possível alcançar uma verdadeira igualdade entre os sexos e promover uma sociedade mais justa e igualitária.

> [...] é uma questão central na luta pela igualdade de gênero. A presença feminina em posições de poder é uma das formas mais efetivas de combater o patriarcado e transformar a cultura sexista que permeia nossas sociedades. Por isso, é necessário que sejam criados mecanismos que permitam uma participação mais equilibrada de homens e mulheres em todos os níveis de liderança, incluindo as empresas, as organizações civis e os órgãos públicos. (OLIVEIRA, 2020, p. 35)

Defende-se a importância da criação de um sistema político que permita a representação igualitária e equitativa de homens e mulheres, através da chamada "democracia paritária". Para isso, é necessário conceder às mulheres direitos políticos e oportunidades iguais, a fim de alcançar consensos políticos justos e reduzir a violência.

Além disso, é importante aprofundar o desenvolvimento do princípio da igualdade de oportunidades e despojar os indivíduos dos estereótipos de gênero ainda presentes na sociedade. A educação, também , é apontada como uma ferramenta importante para mostrar os erros cometidos pela sociedade patriarcal aos futuros cidadãos.

Ressalte-se a importância de evoluir a sociedade e superar conceitos arraigados em relação à igualdade de gênero. Nesse sentido, destaca-se a relevância da educação para alcançar esse objetivo. A autora portuguesa Maria do Céu da Cunha Rego (2004) é citada ao afirmar que a igualdade de gênero não é apenas um fator social, mas também econômico, que contribui para a poupança pública e privada, o combate ao desperdício, a inovação e o crescimento econômico. Desse modo, a igualdade de gênero deve ser vista como uma questão que transcende o âmbito social, impactando também a economia e o desenvolvimento do país. (REGO, 2004)

É uma indispensabilidade do desenvolvimento sustentável, como demonstram a OCDE e as Nações Unidas, designadamente através dos Objetivos do Milênio. A igualdade de gênero é um critério da democracia, como proclamou o Conselho da Europa. A igualdade de gênero é a vitória do Estado de direito sobre uma normatividade social obsoleta, produtora e reprodutora de injustiça, de azedume, de humilhação, de insegurança, de violência. A igualdade de gênero é uma nova forma de vida. É um relacionamento novo entre mulheres e homens, que se sabem iguais, que se respeitam como iguais, que negociam como iguais. A igualdade de gênero é uma aprendizagem de cidadania. Sem ela, as pessoas não conhecem a liberdade e as sociedades não conhecem a paz.

Logo, refletir sobre a cultura enquanto dimensão estruturante do Estado implica em tomá-la como capital simbólico ou mesmo lutas de representações, onde o que está em jogo é a própria ordenação e a hierarquização da estrutura social, a partir de um conjunto de propriedades que implicam numa espécie peculiar de poder. Peculiar pois supõe, ao mesmo tempo, o reconhecimento - ou seja, sua percepção por parte de um conjunto de agentes sociais dotados das categorias cognitivas capazes de habilitá-los a conhecê-lo e reconhecê-lo, i.e., atribuir-lhe valor - e o desconhecimento de que uma certa modalidade de violência se exerce através deste processo.

Isto se explica porque, diversamente da violência física inerente aos órgãos públicos encarregados de seu monopólio legítimo, os atos de força simbólicos produzidos pelas agências do poder estatal traduzem-se em atos de forma. E, enquanto tais, deitam raízes tanto na trajetória histórica do órgão público do qual emanam, quanto na trajetória social, cultural e institucional daqueles que, a partir deste mesmo organismo, os produziram.

Não é difícil perceber, nessas circunstâncias, que é o Estado, em seu sentido restrito - dispondo dos meios para impor e inculcar os princípios duráveis de visão e de divisão, conforme suas próprias estruturas - o espaço por excelência da concentração e do exercício do poder/violência simbólicos. (SILVA; MENEZES, 2021)

Assim, no que tange aos atos de autoridade, o Estado age como uma espécie de grande banco de capital simbólico, que os avaliza, ao mesmo tempo em que dissimula que esses mesmos atos são tão arbitrários quanto recobertos do que pode ser chamado de “impostura legítima”. (BOURDIEU, 1989, p. 25)

A nomeação ou os certificados integram essa categoria de atos ou discursos oficiais simbolicamente eficazes, posto que perpetrados em situações de autoridade por personagens autorizados que atuam enquanto detentores de um *officium*, isto é, de uma função ou cargo garantido pelo Estado.

Nessa situação colocam-se em pé de igualdade tanto o veredicto do juiz, quanto a nota atribuída pelo professor; tanto os registros oficiais, quanto as certidões destinadas a produzir um efeito de direito - estado civil, nascimento, casamentoou separação - tudo isso sem mencionar aquilo que mais de perto aqui interessa, a emissão de diplomas e certificados.

Todo esse espectro de atos simbólicos, malgrado a violência a eles inerente, asseguram ao Estado, no entanto, a capacidade de criar, posto que operam investidos daquela espécie de magia acima referida e por intermédio de agentes devidamente titulados, o que torna, por si só, as identidades sociaisassim criadas, socialmente garantidas/reconhecidas.

Dentre as propostas dos vários estudos diante da persistência da sub-representatividade feminina, tem-se apontado como se pode chegar a uma representação mais igualitária:

1. uma política educacional voltada para a igualdade de gênero, para incentivar a participação política de mulheres e eliminar os preconceitos de inferioridade, medida a longo prazo;
2. uma representação proporcional intrapartidária de gênero, permitindo que as mulheres bem votadas "puxem" votos para outras mulheres;
3. criação de cláusula de desempenho com atribuição de peso maior aos votos dados às candidaturas de mulheres;
4. punição severa às propagandas sexistas, misóginas e discriminatórias da mulher de um modo geral;
5. permitir às mulheres uma maior liberdade quanto à liberdade partidária, principalmente quando sofrerem discriminação dentro do seu próprio partido;
6. estabelecimento de cotas de gênero nos cargos de direção dos partidos;
7. criação de controle judicial específico para apuração de fraudes e abusos contra a participação de mulheres;
8. em caso de fraudes às cotas partidárias de gênero não punir as mulheres eleitas do partido fraudados e, sim, o partido.

Ao enunciar com autoridade que um ser, coisa ou pessoa, é de verdade (veredicto) aquilo que ele é autorizado a ser, aquilo que ele tem direito a ser, bem como aquilo que tem direito a reivindicar ou a exercer (por oposição ao exercício ilegal), o Estado exerce um verdadeiro poder criador.

Não deixa de ser curioso observar que muitos movimentos supostamente dirigidos contra o Estado, reconhecem-lhe, de fato, este poder criador de que falamos, já que quase todos eles estão, em verdade, a "pedir-lhe autorização" para que uma determinada categoria de agentes sociais - as mulheres, os homossexuais ou os "carapintadas" - exista oficialmente, quer dizer, exista de forma pública e universal, quando até então existiam apenas por si mesmos.

E aqui tocamos num ponto fundamental para a compreensão dos aparelhos do Estado enquanto reprodutores da hegemonia de um grupo: o da regulação de seu monopólio legítimo. Senão, vejamos.

Justamente porque a publicização - ou seja, o procedimento que torna público, que leva ao conhecimento de todos - encerra sempre a possibilidade da usurpação do direito de exercício da violência simbólica por parte do poder público, ela implica na definição de formas de censura mediante as quais o Estado procura regular as formas de publicação em geral - impressão de livros, representações teatrais, caricatura etc. - legislando a seu respeito, i.e., normatizando-as.

Nas sociedades contemporâneas, o Estado contribui de forma determinante para a produção e reprodução dos instrumentos simbólicos de construção da realidade social. Enquanto estrutura material, aparato ou aparelho, dotada de agências reguladoras de práticas, exerce permanentemente uma ação formadora das disposições duráveis, mediante a imposição uniforme de todo tipo de constrangimentos, físicos e mentais, ao conjunto dos agentes sociais.

Ao mesmo tempo, impõe/inculca os princípios de classificação fundamentais, segundo o sexo, a idade ou a "competência", que fundamentam, pela polarização entre "eleitos" e "eliminados", as diferenças sociais mais perenes.

Dessa feita, o Estado instaura não só categorias de pensamento comuns, como os quadros sociais da percepção, do entendimento ou da memória. Por essa via, ele cria condições para uma espécie de orquestração genérica do *habitus*, garantindo, simultaneamente, referências objetivas, comuns e princípios de divisão subjetivos, concordantes, o suficiente, para tornar possível a vida em sociedade. Nesse sentido, as fronteiras entre o público e o privado se estreitam, num processo em tudo semelhante àquele que "separa" o inconsciente do consciente.

5 CONCLUSÃO

O princípio da igualdade retém em si, largo espectro de indefinição e valoração, permitindo interpretações carregadas de subjetividade e compreensões ao sabor da ocasião. Foram diversas acepções ao longo da linha histórica, porque dotado de conteúdo abrangente. A igualdade material na previsão constitucional reveste-se de direito fundamental.

A expressão ação afirmativa, do inglês americano affirmative action, evoluiu para o sentido de combate à discriminação, no caso em estudo, de gênero, como forma de mitigar os efeitos da segregação imposta pelo contexto histórico, social, econômico, político, ideológico e jurídico. Destaque-se dentre seus objetivos o aspecto de possibilitar uma transformação comportamental no trato com as minorias, corrigindo as distorções e existindo tão somente enquanto estas existirem. A Constituição brasileira de 1988 adotou modelo de democracia participativa, buscando superar as desigualdades fundamentadas em estruturas tradicionalmente patriarcais. A partir daí ganhou força a discussão acerca da baixa representação política de mulheres e da necessidade de políticas públicas com fins a minorar as desigualdades socialmente erigidas entre homens e mulheres. A política de cotas estabelecendo um percentual mínimo de candidaturas femininas se fez sentir na legislação eleitoral.

Em diversos países do mundo, e no Brasil, que se encontra em posição delicada quanto ao seu posicionamento nas estatísticas de participação de mulheres nos parlamentos nacionais, adotam mecanismo com a finalidade de promover a igualdade entre homens e mulheres. Em alguns deles sistema de cotas com reserva de vagas, diferente deste país, revela-se ousadia na promoção da igualdade.

A Argentina aprovou em 2017 a lei de paridade de gênero (LEY Nº 27412) no âmbito da representação política. Para os cargos legislativos nacionais homens e mulheres, de forma intercalada, devem aparecer, até que se complete o total de cargos em disputa. Inegável o efeito positivo, ao contrário do Brasil.

A Lei n. 9.504/97 apesar de suas alterações, quanto a reserva de 30% (trinta inteiros de centésimos) para candidaturas femininas, teve até agora repercussões pouco significativas. O que as estatísticas demonstram é a deficiência do modelo jurídico adotado no Brasil, com fins a dar efetividade à igualdade política entre homens e mulheres. Os números de mulheres eleitas e, mais alarmante, de mulheres reeleitas, confrontam a quantidade de mulheres eleitoras, guardando uma grande distância entre eleitoras e candidatas eleitas.

A média brasileira em comparação com outros países demonstra a inefetividade das ações afirmativas até aqui adotadas com o objeto de permitir que mais candidaturas femininas aconteçam e alcancem sucesso na representatividade nos poderes republicanos.

A baixa representatividade feminina também pode ser sentida nos espaços formais de poder, bastando lançar um olhar para os cargos ministeriais do governo federal e para as secretarias estaduais. Analisar causas dessa sub-representatividade, embora complexas, ressalta aos olhos de um observador mais atento, identificando não apenas uma, mas várias razões para que tal aconteça. Fraudes às cotas femininas de participação partidária são uma constante e a própria judicialização demonstra de certa forma, a insuficiência das políticas públicas no sentido de corrigir as distorções que pretende.

O Nordeste possui situações históricas e sociais diferenciadas em relação às demais regiões do país. Do Patriarcalismo adveio o machismo, ainda preponderante em muitos estados, este inclusive assimilado e replicado por muitas mulheres.

Hoecker (1995) ao pensar sobre a sociedade alemã, destacou que nas últimas décadas, a proporção assimétrica de gênero na política mudou claramente em favor das mulheres. Nos partidos, parlamentos e governos em particular, a maioria das mulheres conseguiu aumentar sua participação e aceitação. Mudanças fundamentais nas condições de vida das mulheres e a mudança significativa de consciência são as principais responsáveis pela expansão da participação política das mulheres: educação e treinamento aprimorados, aumento do emprego e pluralização de estilos de vida tornaram-nas mais autoconfiantes, politicamente competentes e economicamente independentes. Cada vez mais distantes das referências tradicionais, agudizaram-se a consciência do paternalismo patriarcal e das diversas formas de discriminação de gênero e, com o apoio do movimento de mulheres, a conquista da igualdade social avançou para uma questão política central e de alta legitimidade. Os demais países tem apresentado situações semelhantes. Em uns a igualdade material de gênero na política encontra-se mais evidenciada do que em outros. A realidade brasileira ainda está um pouco distante dessa configuração.

O Professor Dr. e Ministro da Suprema Corte brasileira, Gilmar Ferreira Mendes, ao estudar sobre os Direitos Fundamentais em seus múltiplices significados na ordem constitucional pátria, traz luz sobre o tema, com clareza meridiana. De forma iniludível e percuciente, no pesar e sopesar da realidade fenomênica pautado em autores como Lerche, Hese, Jellinek e Alexy, reforça a ideia de que os direitos individuais possuem eficácia imediata e, nesse aspecto, guardam vinculação direta do poder público com tais direitos, no sentido de subsunção a eles. O Legislador assume papel importante na concretização de determinados direitos e, também em aplicar limitações ou restrições. Isso porque os Direitos Fundamentais são, ao mesmo tempo, subjetivos e elementos singulares na ordem constitucional objetiva.

O judiciário tem reconhecido que a excessiva judicialização do problema em estudo não traz solução à problemática, cabendo ao legislativo editar leis que tragam efetividade à correção da segregação feminina na política. Para uma normatização que alcance tal pretensão há de se romper inicialmente com a falta de interesse nesse sentido, principalmente porque no Congresso Nacional estão mais presentes todas as questões levantadas, que levam à inefetividade das ações afirmativas.

O enfrentamento do problema perpassa por várias frentes de atuação. A educação nas escolas é uma delas. Necessário se faz levar a discussão para dentro das escolas, com o objetivo de incentivar a mudança de paradigma, suprimindo os preconceitos em relação à particpação política de mulheres na sociedade. Em uma outra frente, no âmbito dos partidos, criar grupos de trabalho com mulheres eleitoras, em ações junto à sociedade, como palestras, congressos, cursos, além de estabelecer cotas em todos os níveis de participação da agremiação.

A inefetividade das ações afirmativas com fins a igualdade material efetiva de mulheres e homens na participação político-partidária se dá pela forma como está sendo implementada, uma vez que se tem notícia de sucesso em outros países. Um ponto nodal para a resolução da problemática é que as mulheres se lancem cadidatas nos pleitos eleitorais. Isso não acontece, conforme restou evidenciado pelas estatísticas do TSE apresentadas.

No Nordeste brasileiro, horizonte de estudo, várias razões contribuem para a baixa representatividade feminina, como o sexismo e a cultura patriarcal ainda arraigada no contexto antropológico-social. Tão somente a lei não basta se mulheres não concorrerem, Isso pode inclusive representar uma das razões, ao lado do machismo e outros, para que partidos fraudem as cotas com candidaturas fictícias.

REFERÊNCIAS

ALVES, B. M.; ARANTES, R. D. Diversidade, gênero e sexualidade: desafios e perspectivas para o mundo do trabalho. In: PEREIRA, R. A.; SILVA, F. L. (Org.). **Questões de gênero, raça e diversidade no mundo do trabalho.** Curitiba: CRV, 2019. p. 47-62.

AMÂNCIO, K. C. B. "Lobby do Batom": uma mobilização por direitos das mulheres. **Revista Trilhas da História**. v.3, nº 5 jul-dez, p. 72-85. 2013. ISSN: 2238-1651. Disponível em: http://seer.ufms.br/index.php/RevTH/article/view/444/244. Acesso em: 03 mar. 2023. ARAÚJO, C. Ações afirmativas de gênero: a experiência brasileira em perspectiva

ARAÚJO, L. A. D. **Ações afirmativas:** uma introdução crítica. São Paulo: Saraiva, 2011.

ARAÚJO, C. Ações afirmativas de gênero: a experiência brasileira em perspectiva comparada. **Revista Estudos Feministas,** Florianópolis, v. 20, n. 2, p. 399-416, maio/ago. 2012. ISSN: 1806-9584. http://dx.doi.org/10.1590/S0104-026X2012000200013. Disponível em: http://www.scielo.br/scielo.php?script=sci_arttext&pid=S0104

-026X2012000200013&lng=en&nrm=iso. Acesso em: 30 mar. 2023.

ARISTÓTELES. **The complet works of Aristotle** (The Revised Oxford Translation, J. Barnes, ed.). Princeton: Princeton University Press, 1984. 2 vols.

AVELAR, L.; PEREIRA, C.; PRZEWORSKI, A. Ideologia, partidos e representação política. **Revista Lua Nova**, São Paulo, n. 77, p. 83-119, 2009. ISSN: 0102-6445. Disponível em: http://www.scielo.br/scielo.php?script=sci_arttext&pid=S0102-64452009000200005&lng=en&nrm=iso. Acesso em: 03 abr. 2023.

BARBOSA, J. Ações afirmativas e princípio constitucional da igualdade. In: **Revista da Faculdade de Direito da Universidade Federal de Minas Gerais**, Belo Horizonte, n. 45, p. 51-74, jan./jun. 2004. ISSN: 1984-1841.

BARBOSA, R. **Obras completas de Rui Barbosa.** Vol. II. Tomo II. Rio de Janeiro: Ministério da Cultura, Fundação Casa de Rui Barbosa, 1987.

BARBOSA, E. M.; MACHADO, C. J. dos S. Gênese do direito do voto feminino no Brasil: uma análise jurídica, política e educacional. **Revista HISTEDBR On-Line**, v. 12, n. 45, p. 89-100, 2015. ISSN: 1676-2584.

BARRETO, A. C. T. **A Igualdade entre Homens e Mulheres no Ordenamento Jurídico Brasileiro.** Fortaleza: Defensoria Pública do Estado do Ceará, 2007.

BARROS, A. M. de. **Curso de direito do trabalho.** São Paulo: LTr, 2017. ISBN: 9788536191577.

BELLINTANI, L. Ações afirmativas: a experiência europeia. **Revista Brasileira de Estudos Políticos**, n. 93, p. 41-68, 2006. ISSN (eletrônico): 2359-5736.

BELLINTANI, L. A efetividade das cotas de gênero na política. **Revista de Informação Legislativa**, v. 182, p. 105-124, 2009. ISSN: 0034-835X.

BOURDIEU, P. **O Poder Simbólico**. Lisboa/Rio de Janeiro: Difel/Bertrand Brasil, 1989.

BONAVIDES, P. **Curso de Direito Constitucional.** 32ª ed. São Paulo: Malheiros, 2017.

BORGES, C. A. S.; SANTOS, R. S. dos. Direitos humanos, justiça social e igualdade material: desafios contemporâneos. **Revista de Direitos e Garantias Fundamentais**, Vitória, v. 20, n. 2, p. 15-34, jul./dez. 2019. ISSN: 2175-6058. http://dx.doi.org/10.18766/2317-8587.rdgf.v20.n2.p15-34.

BRASIL. [Constituição (1988)]. **Constituição da República Federativa do Brasil de 1988**. Brasília, DF: Presidência da

República, 2016. Disponível em: http://www.planalto.gov.br/ccivil_03/Constituicao/Constituiçao.htm. Acesso em: 1 jan. 2023.

BRASIL. **Decreto nº 21.076**, de 24 de fevereiro de 1932. Decreta o Código Eleitoral. Rio de Janeiro, RJ. Disponível em: https://www2.camara.leg.br/legin/fed/decret/1930-1939/decreto-21076-24-fevereiro-1932-507583-publicacaooriginal-1-pe.html. Acesso em: 25 de mai. 2023.

BRASIL. LEI Nº 9.100, de 29 de setembro de 1995. Estabelece normas para a realização das eleições municipais de 3 de outubro de 1996, e dá outras providências. Brasília: **Diário Oficial da União**, 1995.

BRASIL. LEI Nº 9.504, de 30 de setembro de 1997. Estabelece normas para as eleições. Brasília: **Diário Oficial da União**, 1997.

BRASIL. Lei N.°11.340, de 7 de agosto de 2006. Lei Maria da Penha. **Diário Oficial da União**, 2006.

BRASIL. LEI Nº 12.034, de 29 de setembro de 2009. Altera as Leis nos 9.096, de 19 de setembro de 1995 - Lei dos Partidos Políticos, 9.504, de 30 de setembro de 1997, que estabelece normas para as eleições, e 4.737, de 15 de julho de 1965 - Código Eleitoral. **Diário Oficial da União**, 2009.

BRASIL. LEI Nº 13.165, de 29 de setembro de 2015. Altera as Leis n º 9.504, de 30 de setembro de 1997, 9.096, de 19 de setembro de 1995, e 4.737, de 15 de julho de 1965 - Código Eleitoral, para reduzir os custos das campanhas eleitorais, simplificar a administração dos Partidos Políticos e incentivar a participação feminina. Brasília: **Diário Oficial da União**, 2015.

BRASIL. TSE. **Eleições 2016:** número de prefeitas eleitas em 2016 é menor que 2012. Brasília: TSE, 2016.

BRASIL, Supremo Tribunal Federal. Ação Direta de Inconstitucionalidade nº 5617/DF. Rel. Min. Edson Fachin. **Diário da Justiça Eletrônico e Diário Oficial da União**, Brasília, 23 março 2018. Disponível em: http://portal.stf.jus.br/processos/downloadPeca.asp?id=15338766077&ext=.pdf.

BRASIL. **Portaria nº 791, de 10 de outubro de 2019.** Institui a Comissão Gestora de Política de Gênero do Tribunal Superior Eleitoral (TSE Mulheres), vinculada à Presidência. Brasília: TSE, 2022.

BRASIL. TSE Mulheres. **Uma sociedade realmente democrática inclui a participação das mulheres em todas as áreas, inclusive na política.** Brasília: TSE, 2022a.

BRASIL. TSE. **Eleições de 2022:** Estatísticas Eleitorais. Brasília: Portal do TSE, 2022b.

BRASIL. TSE. **Eleições de 2022:** Estatísticas Eleitorais. Brasília: Portal do TSE, 2023.

CANOTILHO. J. J. G. **Direito Constitucional e Teoria da Constituição.** Coimbra: Almedina, 2003, p. 1215-1245.

CARDOSO, A. L. G. Ações Afirmativas de Inclusão da Mulher no Processo Eleitoral e o Estado Democrático de Direito. **Revista do Centro Acadêmico Afonso Pena**, v. 22, n. 1, 2016. ISSN (eletrônico): 2238-3840.

CARNEIRO, L. M. C. Mulheres na política: desafios e perspectivas para a igualdade de gênero. **Caderno de Estudos Sociais e Políticos**, v. 4, n. 1, p. 33-50, 2021. ISSN: 2238-3425.

CARNEIRO, S.; SANTOS, T.; COSTA, A. G. de O. **Mulher negra:** política governamental e a mulher. São Paulo: Nobel, 1985. 142 p. 301.412 C289 MNPp.

CARVALHO, C. F.; CORREIA, T. O princípio da igualdade na jurisprudência do Supremo Tribunal Federal. **Revista Brasileira de Direito Constitucional**, v. 29, n. 2, p. 67-86, 2019. ISSN: 1983-2303.

CASTRO, C. V. de; SOUZA, A. B. do A. Análise da Construção Histórica do Direito da Mulher, o Movimento

Feminista e as Cotas de Gênero como Ferramenta de Perpetuação da Desigualdade de Gênero na Política. **Revista Eletrônica da Faculdade de Direito de Franca.** v.16, n.1, dez. 2021. ISSN: 1983-4225. https://doi.org/10.21207/1983-4225.2021.1194.

CLAYTON, H. M. et al. Using qualitative research to inform clinical practice: a review of the literature. **Journal of evaluation in clinical practice**, v. 25, n. 1, p. 121-127, 2019. ISSN: 1356-1294.

CHAUÍ, M. Participando do Debate sobre Mulher e Violência. In: FRANCHETTO, B.; CAVALCANTI, M. L. V. C.; HEILBORN, M. L. (org.). **Perspectivas Antropológicas da Mulher 4**. São Paulo: Zahar Editores, 1985.

DAHL, R. A. **Sobre a democracia**. Beatriz Sidou (trad.). Brasília: Editora Universidade de Brasília, 2001.

DATASENADO (org.). **Mulheres na Política**. 2022. Elaborada por Senado Federal. Disponível em: https://www12.senado.leg.br/institucional/datasenado/arquivos/pesquisa-mulheres-na-politica-2022. Acesso em: 30 maio 2023.

SILVEIRA, M. de P. Democracia de Gênero e Seus Desafios: Como As Ações Afirmativas Para Participação Feminina Na

Política Devem Ser Aprimoradas. **Revista da Faculdade de Direito da UFMG**, n. 75, p. 323-348, 2019.

SILVEIRA, M. de P. As consequências da identificação de candidaturas fictícias: cassação das eleitas e desincentivos à representatividade feminina na política. **Resenha Eleitoral**, v. 23, n. 2, p. 161-186, 2019.

FALCÃO, J. P.; SADEK, M. T. **Reforma política**: desafios para a democracia brasileira. São Paulo: Ed. Unesp, 2018.

FERNANDES, A. C.; FERNANDES, T. P. O espectro ideológico dos partidos brasileiros (1990-2009). **Revista Brasileira de Ciências Sociais**, São Paulo, v. 27, n. 78, p. 103-128, 2012. ISSN: 1806-9053. Disponível em: http://www.scielo.br/scielo.php?script=sci_arttext&pid=S0102-69092012000100007&lng=en&nrm=iso. Acesso em: 03 abr. 2023.

FREIRE, N. Percepções Sobre os Direitos Humanos das Mulheres. In: VENTURI, G. **Direitos humanos:** percepções da opinião pública. Brasília: Secretaria de Direitos Humanos, 2010. ISBN 978-85-60877-09-6.

GOMES, I. **"Me dá um conforto maior", diz Izolda sobre desfiliação do PDT**. Fortaleza: O POVO, 2022. Disponível em: https://www.opovo.com.br/eleicoes-2022/2022/07/29/meda-um-conforto-maior-diz-izolda-sobre-desfiliacao-do-pdt.html. Acesso em: 01/03/2023

GOMES, J. B. B. **Ação Afirmativa e princípio constitucional da igualdade. O direito como instrumento de transformação social. A experiência dos EUA.** Rio de Janeiro: Renovar, 2001. p. 62.

GOMES, L. S.; ALVES, C. R.; LIMA, M. A. Participação política feminina: uma análise a partir do sistema político brasileiro. **Revista Brasileira de Ciência Política**, v. 26, n. 2, p. 151-170, 2018. ISSN: 2359-5736.

GUERRA, I. B.; COSTA, E. P. A participação política das mulheres no Brasil: obstáculos e desafios. In: CASTRO, L. et al. (Org.). **Mulheres na Política:** reflexões sobre democracia, representação e participação. Rio de Janeiro: Ed. FGV, 2019. p. 299-320.

HABERMAS, J. **A inclusão do outro:** estudos de teoria política. Tradução: Geordé Sperber e Paulo Astor Soethe. São Paulo: Edições Loyola, 2002.

HABERMAS, J. **Direito e democracia:** entre facticidade e validade. Volume I. Trad. Flávio B. Siebeneichler. Rio de Janeiro: Tempo Brasileiro, 1997.

HOECKER, B. Perspektiven der politischen Partizipation von Frauen. In: **Politische Partizipation von**

Frauen. Wiesbaden: VS Verlag für Sozialwissenschaften. 1995. Online ISBN 978-3-322-95761-0. https://doi.org/10.1007/978-3-322-95761-0_5

LEME, V. A. Cotização de gênero e eleições proporcionais: a política brasileira em debate. **Revista Eleitoral**, n. 20, p. 41-57, jan./jun. 2018.

LIMA, M. L. de; SANTOS, F. O espectro ideológico dos partidos políticos brasileiros. **Opinião Pública**, Campinas, v. 20, n. 1, p. 102-128, 2014. e-ISSN: 1807-0191. Disponível em: http://www.scielo.br/scielo.php?script=sci_arttext&pid=S0104-62762014000100005&lng=en&nrm=iso. Acesso em: 03 abr. 2023.

MACHADO, J. P.; ALMEIDA, M. S. O papel da mulher na sociedade na história antiga. In: Anais do Congresso Internacional de História, 6., 2018, Rio de Janeiro. **Anais eletrônicos...** Rio de Janeiro: Universidade Federal do Rio de Janeiro, 2018. p. 43-50.

MACHADO, N. R. C.; LEAL, N. A. O lugar da mulher é na política? **Revista do Curso de Direito do UNIFOR**, v. 6, n. 1, p. 01-11, 2015.

MATIAS, A. F. A.; PERGENTINO, É. de F. Mulheres na política: análise da efetividade das cotas de gênero como mecanismo de representatividade feminina. **Revista Jurídica Verba Legis**. nº XIV. 2021.

MELLO, C. A. B. **Curso de Direito Administrativo.** 19ª ed. São Paulo: Malheiros, 2005.

MEZZAROBA, O.; MONTEIRO, C. S. **Manual de metodologia da pesquisa no direito**. Saraiva Educação SA, 2014.

MENDES, G. F.A doutrina constitucional e o controle de constitucionalidade como garantia da cidadania. Declaração de inconstitucionalidade sem a pronúncia de nulidade no direito brasileiro. **Revista de Direito Administrativo**, v. 191, p. 40-66, 1993. ISSN: 2184-1799. MENDES, G. F. A Doutrina Constitucional e o Controle de Constitucionalidade como Garantia da Cidadania. **Rev. Faculdade Direito Universidade Federal Minas Gerais**, v. 34, p. 241, 1994.

MENDES, G. F. Controle de constitucionalidade: hermenêutica constitucional e revisão de fatos e prognoses legislativos pelo órgão judicial. **Revista Jurídica da Presidência**, v. 1, n. 8, 2000.

MENDES, G. F. Os direitos fundamentais e seus múltiplos significados na ordem constitucional. **Anuario Iberoamericano de Justicia Constitucional**, n. 8, p. 131-142, 2004. ISSN: 1138-4824.

MENDES, G. F. **Curso de direito constitucional**. Saraiva Educação SA, 2013.

MENDES, G. F. **Jurisdição constitucional**. Saraiva Educação SA, 2017.

MENDES, G. F.; VALE, A. R. do. O pensamento de Peter Häberle na jurisprudência do Supremo Tribunal Federal. **Observatório da Jurisdição Constitucional**, 2009. ISSN: 1982-4564.

MENDES, G. F.; PAIVA, Paulo. **Políticas públicas no Brasil: uma abordagem institucional**. São Paulo: Saraiva Educação SA, 2017.

MIRANDA, S. F. Da base da pirâmide social à "elite" do sistema: um estudo de caso sobre as diversas incursões de uma mulher negra, nordestina emilitante. **Revista Pesquisas e Práticas Psicossociais**, v. 11, n. 1, p. 100- 117, 2016.

MIGUEL, S. M. **A política de cotas por sexo:** Um estudo das primeiras experiências no Legislativo brasileiro. Brasília: CFEMEA, 2000.

MOISÉS, J. Á.; SANCHEZ, B. R. **Representação política das mulheres e Qualidade da democracia:** o caso do Brasil. In: O Congresso Nacional, os partidos políticos e o sistema de integridade. p. 89, 2014

MORAES, R.; FALCÃO, C. **Gênero e Direito:** uma abordagem crítica das relações de gênero no Brasil. São Paulo: Editora Atlas, 2021.

NOVAIS, D. P. V. **Discriminação da mulher e direito do trabalho:** da proteção à promoção da igualdade. 2004. Dissertação (Mestrado) – Universidade de São Paulo, São Paulo, 2004.

NUNES, D. **Carlota Pereira de Queiroz:** A Primeira Deputada do Brasil. São Paulo: Aventuras na História, 2019. Disponível em://aventurasnahistoria.uol.com.br/noticias/reportagem/historia-biografia-carlota-pereira-de-queiroz-a-primeira-deputada-do-brasil.phtml?utm_source=site&utm_medium=txt&utm_campaign=copypaste. Acesso em: 01/09/2022.

OLIVEIRA, A. N. C. de. Organização e Ideologia nos Partidos da América Latina: uma Aproximação da Hipótese de Michels. **Rev. Ciênc. Sociais**, 62 (1). 2019. ISSN: 0102-6909. https://doi.org/10.1590/001152582019173.

OLIVEIRA, F. Participação feminina em cargos de liderança: desafios e possibilidades. In: **Anais do 1º Congresso Internacional de Direito e Gênero**. São Paulo: Saraiva, 2020. p. 32-40.

OLIVEIRA, C. A.; RIBEIRO, C. A. Desafios à participação feminina na política brasileira. In: SIMPÓSIO NACIONAL DE CIÊNCIA POLÍTICA, 12., 2020, Brasília. **Anais eletrônicos...** Brasília: ABCP, 2020. p. 1-20.

OLIVEIRA, A. M.; SILVA, F. A. Implementação de ações afirmativas para promover a igualdade de gênero no mercado de trabalho. **Revista Brasileira de Administração**, v. 77, n. 1, p. 33-41, 2021. ISSN: 2179-684X.

PACHECO, M. da G. C. Gênero e Política: conquista e repercussão do voto feminino no Maranhão (1900-1934). **Revista Outros Tempos.** Vol. 1 esp., 2007, p. 46-63. ISSN: 1808-8031.

PANKE, Luciana; IASULAITIS, Sylvia. Mulheres no poder: aspectos sobre o discurso feminino nas campanhas eleitorais. **Opinião Pública**, v. 22, p. 385-417, 2016.

PEREIRA, R. da C. **Princípios Fundamentais Norteadores do Direito de Família.** 4ª Edição. Curitiba: Juruá Editora Ltda., 2022.

PINTO, C. R. J. Paradoxos da participação política da mulher no Brasil. **Revista USP**, n. 49, p. 98-112, 2010. ISSN: 2316-9036.

PIOVESAN, F. Ações Afirmativas no Brasil: Desafios e Perspectivas. **Estudos Feministas.** Florianópolis. 16(3), p. 887-896, 2008. ISSN: 1806-9584.

PORCARO, N. G.; SANTOS, P. P. dos. **A importância da igualdade de gênero e dos instrumentos para a sua efetivação na democracia:** Análise sobre o financiamento e representação feminina no Brasil. Salvador: Editora JusPodivm, 2020.

QUADROS, L. **Do pioneirismo à poesia:** a trajetória da sufragista Almerinda Farias Gama. Rio de Janeiro: Revista VEJA, 2022. Disponível em: https://vejario.abril.com.br/cidade/trajetoria-sufragista-almerinda-farias-gama/. Acesso: 01/09/2022.

REGO. M. do C. da C. Novas Respostas do Direito para a Concretização da Igualdade de Gênero. **Revista Ex æquo**, nº10, p. 83-101. 2004. ISSN: 2184-0385.

REZENDE, S. R.; SIMÕES, V. F. G.; SILVA, E. A. Mulheres e política no Brasil: avanços e desafios. **Revista de Ciências Humanas, Educação e Saúde**, v. 8, n. 2, p. 81-91, 2021. ISSN: 2596-0962.

RIBEIRO, N.; VIEIRA, T. **Gênero e Direito:** uma análise crítica das relações de gênero no Brasil. Rio de Janeiro: Editora Forense, 2018.

ROBORTELLA, L. C. A. **Combate à Discriminação no Trabalho na União Europeia.** São Paulo: LTr, 2017. ISBN 13: 978-8536193779.

SAMPAIO, M. C.; SANTOS, R. L. Baixa participação feminina na política: fatores determinantes e desafios para a democracia. **Revista de Estudos Políticos**, v. 5, n. 2, p. 109-124, 2019. ISSN: 2177-2851.

SANTOS, M. do S. S. Ação afirmativa e a luta por representação feminina na política: avanços e desafios. In: DUTRA, D. D. C.; BARBOSA, E. P. (Orgs.). **Gênero, Políticas Públicas e Participação.** Curitiba: Editora CRV, 2019, p. 62-63.

SANTOS, P. P. dos; BARCELOS, J. R. de; PORCARO, N. G. Participação da mulher na política: as reformas políticas que temos e as que queremos. In: PINTO, A. L. de O.; BERTLOTTI, B. M. de M. A.; FERRAZ, M. O. K. (Org.). **Reformas legislativas de um estado em crise.** Curitiba: Editora Íthala, 2018.

SANTOS, M. M. dos; FERREIRA, L. K. da S. Desconstruções do Patriarcalismo: Interfaces da Canção Triste, Louca ou Má. **Revista Panorâmica**. V. 38 - Jan/Abr. 2023. ISSN: 2238-9210.

SANTOS, V. S.; LEITE, L. F. Políticas públicas de igualdade de gênero: um estudo comparado entre Brasil e Portugal. **Revista Dialectus**, v. 6, n. 16, p. 81-98, 2019. ISSN: 2317-2010.

SANTOS, A. C. S.; OLIVEIRA, I. C. da S. Mulheres, trabalho e desigualdade de gênero: uma análise a partir da teoria sociológica. **Revista Brasileira de Sociologia**, v. 9, n. 20, p. 34-48, 2021. ISSN: 2318-0544. https://doi.org/10.20336/rbs.2359-2052.2021.9.20.34-48.

SANTOS, C. O.; REIS, L. A. Ações afirmativas: uma análise crítica da jurisprudência do Supremo Tribunal Federal. **Revista Brasileira de Direito**, v. 14, n. 2, p. 104-128, 2018. ISSN: 1983-2303.

SANTOS, A. R.; SILVA, M. C. G. Mulheres rurais e a luta por seus direitos: uma análise a partir do contexto de resistência do MST. **Revista de Políticas Públicas e Desenvolvimento Social,** v. 2, n. 2, p. 211-225, 2021. ISSN: 2675-0236.

SANTOS, L. de O. et al. Mulheres na política: um olhar sobre as eleições municipais de 2020. **Revista Espaço Acadêmico**, n. 227, p. 131-142, 2021. ISSN: 1519-6186. Disponível em: https://www.revistaespacoacademico.com.br/n227/dossie03.htm. Acesso em: 03 abr. 2023.

SARLET, I. W. **A Eficácia dos Direitos Fundamentais.** 7ª ed. PortoAlegre: Livraria do Advogado, 2007.

SILVA, J. A. da. **Curso de Direito Constitucional Positivo.** 40ª ed. São Paulo: Malheiros, 2017, p. 93-94.

SILVA, J. L. R.; COUTINHO, R. O sistema de cotas eleitorais e as candidaturas femininas. In: OLIVEIRA, R. R.; ANDRADE, D. V. (Org.). **Eleições e democracia no Brasil contemporâneo.** Curitiba: CRV, 2019. p. 23-38.

SILVA, A. S.; GUEDES, A. S. A participação feminina na política brasileira: limites e desafios. **Cadernos de Gênero e Diversidade**, v. 5, n. 1, p. 93-105, 2019. ISSN: 2525-6904.

SILVA, M. L. da; MENEZES, L. F. de. Estado e violência simbólica: reflexões a partir da teoria de Pierre Bourdieu. **Revista Brasileira de Ciência Política**, v. 32, n. 1, p. 31-49, 2021. ISSN: 2359-5736. https://doi.org/10.1590/0103-335220213201.

SILVA, M. A. F.; RIBEIRO, L. M. G. Desigualdade de gênero e participação política: uma análise do Brasil contemporâneo. **Revista de Ciências Humanas**, v. 20, n. 1, p. 71-88, 2020. ISSN: 1981-9250.

SOUSA, S. M. et al. **Metodologia da pesquisa científica.** 1ª ed. Brasília: Independente, 2018. 116 p.

SOUTO MAIOR, J. L. **História do Direito do Trabalho no Brasil.** Curso de Direito do Trabalho. São Paulo: LTr, 2017. ISBN 13: 978-8536191539.

SPOSITO, M. P.; BACELLAR, L. A. Gênero e Educação: Reflexões sobre as Desigualdades Sociais. In: BACELLAR, L. A.; MORAES, M. C. (Org.). **Gênero e educação:** contribuições ao debate contemporâneo. São Paulo: Blucher, 2020. p. 57-76.

ROUSSEAU, J. J. **Discurso sobre a origem e os fundamentos da desigualdade entre os homens.** Tradução de Alex Marins. São Paulo: Martin Claret, 2005.

SILVEIRA, M. de P. Democracia de Gênero e seus Desafios: Como as Ações Afirmativas para Participação Feminina na Política devem ser Aprimoradas. **Rev. Fac. Direito** UFMG, Belo Horizonte, n. 75, pp. 323-348, jul./dez. 2019. E-ISSN: 2595-6884. DOI: 10.12818/P.0304-2340.2019v75p323.

TABAK, F. As cotas de gênero para cargos eletivos. **Revista de Informação Legislativa**, v. 37, n. 146, 2000. ISSN: 0034-835X.

TORRES, A. **Antonieta de Barros, a parlamentar negra pioneira que criou o Dia do Professor.** Madrid: El País, 2020. Caderno Opinião. Disponível em: https://brasil.elpais.com/opiniao/2020-10-15/antonieta-debarros-a-parlamentar-negra-pioneira-que-criou-o-dia-do-professor.html. Acesso em: 01/09/2022.

WESTIN, R. **Primeira senadora tomou posse há 40 anos e foi recebida com flor e poesia.** Brasília: Agência Senado, 2019. Disponível em: https://www12.senado.leg.br/noticias/especiais/arquivo-s/1a-senadora-tomou-posse-ha-40-anos-e-foi-recebida-com-flor-e-poesia. Acesso em: 01/09/2022.

www.ingramcontent.com/pod-product-compliance
Lightning Source LLC
LaVergne TN
LVHW050851051026
849532LV00006BA/2197
* 9 7 8 6 5 0 2 1 2 6 2 0 2 *